Les rebelles de la verticale

ISBN : 978-2-3225-7183-3

Couverture
Photographies de Pascal TOURNAIRE

©Vincent Dusseau 2025
Tous droits réservés pour tous pays.

VINCENT DUSSEAU

Les rebelles de la verticale

Lucien Bérardini 1930 - 2005
Hugues Beauzile 1967 - 1995

À Géraldine,
qui a choisi de partir tellement plus tôt

À Vincent M.
une gratitude infinie pour m'avoir trimballé
sur les falaises quand j'étais un ado un peu con

Prologue

Automne 2022

Un guide de Chamonix m'avait dit un jour : « *Le calcaire, c'est doux comme la peau d'une femme. Presque sensuel* »

En cet automne 2022, je savoure mon retour sur les falaises. Mes doigts caressent le rocher blanc, glissent sur ses zones lisses, effleurent ses écailles tranchantes et les gouttes d'eau sculptées par la pluie. En bas, au bout de la corde, ça s'impatiente.

L'homme qui a accepté de m'assurer est pragmatique. Il aimerait que je me remue un peu pour arriver au sommet de la voie et qu'il puisse grimper à son tour.

Je ne le connais pas. Pas plus que ses copines et copains. Première fois que j'escalade avec des inconnus. Magie des réseaux sociaux que de pouvoir rompre sa solitude ascensionniste en postant un message. En 2022, c'est simple de trouver du monde pour aller grimper.

J'ai déserté les falaises depuis plus de quinze ans. La maladie a été trop forte. Ou moi trop faible. Un peu des deux sûrement. Je ne suis pas guéri, je ne guérirai jamais, c'est tout le charme des maladies auto-immunes. Mais les heures, les jours, les semaines passées à escalader ont été parmi les plus heureux de ma vie.

On se sent vivant quand on grimpe. Une danse avec le rocher, une danse avec la peur aussi. Des pieds qui tremblent, des mains qui se crispent, un souffle qui recentre. Une adrénaline sensitive, une méditation de pleine conscience dans le mouvement.

En 2022, je suis tellement plus vieux, mais l'escalade reste la même : prendre les prises avec les mains, monter ses pieds, être là dans l'instant ou tomber.

La falaise de Saint-Bauzille-de-Montmel a vieilli, elle aussi. Elle barre toujours l'horizon et la vue s'étend toujours jusqu'à la Méditerranée. Les incendies successifs n'ont pas empêché le thym de repousser et d'embaumer l'air.

Mais rien n'est anodin dans le passage d'un grimpeur. Ses mains et ses pieds polissent la roche, patinent le caillou. Le calcaire se croyait rugueux et éternel, il devient brillant et glissant, perdant sa jeunesse millénaire et son charme par la même occasion.

Ce fut la falaise préférée des Montpelliérains. Ce fut aussi mon jardin. Deux, trois, quatre fois par semaine, je retrouvais quelques amis de cordée. Ceux qui partagent tes succès et tes échecs, qui se marrent quand tu sors une voie et qui se marrent quand tu tombes, qui se marrent quand t'as peur et qui se marrent en buvant une bière. Qui se marrent de cette farce qu'est la vie.

Je grimpais parfois seul en m'auto-assurant. Comme Lucien Bérardini quelques années avant moi quand, retraité, isolé et dépressif sur Montpellier, il avait retrouvé le chemin des falaises. La comparaison s'arrête là. Il fut une légende mondiale de l'alpinisme et moi, je suis mort de trouille deux mètres au-dessus du dernier point d'ancrage.

Je me rappelle très bien la première fois que j'ai croisé Lucien. Aucune idée de la date, mais forcément au début des années quatre-vingt-dix. J'avais moins de vingt ans et je me prenais une rouste dans une voie en dévers* bien trop dure pour moi. J'étais bloqué au milieu de la falaise, pendu dans le vide, desséché par la chaleur et l'effort. Je me demandais comment j'allais me sortir de là sans sacrifier du matériel.

Il circulait avec un petit groupe. Avec un vague mouvement de main dans ma direction, il a juste indiqué :

— Ce sont les premières voies qu'Hugues a équipées. Tout est dur ici. Pratiquement que des voies en 7*.

Et il a continué sa route.

Ce jour-là, j'ai atteint le sommet de la voie parce que Monsieur Bérardini, la légende Bérardini, est juste passé au pied de la falaise et, par ses mots, a apporté la force nécessaire au petit garçon avide de reconnaissance que j'étais. Je suis dans un secteur dur, je vais montrer que je ne suis pas un imposteur. Ça tient à peu de chose la réussite quand on est jeune et con.

Avec mes inconnus de Facebook, nous ne sommes pas loin de ce secteur de la paroi. Je leur raconte l'anecdote qui, à défaut d'être passionnante, me permet de nouer un peu le contact.

— Lucien qui ? fut la seule réponse.

Lucien Bérardini ! La première de l'Aconcagua par la face sud, de la face ouest des Drus, de la Walker dans la journée ! Le Huascaran, l'expédition au Makalu et au K2 ! Et le mec qui a fait découvrir Claret à Hugues Beauzile.

Ils ne connaissaient pas non plus le Rasta.

---

voir lexique en fin d'ouvrage

Hugues Beauzile, le rasta surdoué, celui qui a équipé toutes les voies que tu vois là, qui a passé deux ans de sa vie à équiper une grande partie de la falaise de Claret, qui a répété la Walker en solo et en hivernale, la Thomas Gross aux Drus et qui a trouvé la mort sur la face sud de l'Aconcagua.

La troisième réponse fut un mouvement de tête approbateur. Celui que l'on produit quand on apprend quelque chose dont on se fout éperdument. Au moins, mes inconnus de Facebook étaient polis.

Je rentre chez moi heureux d'avoir retrouvé le chemin de la falaise et peiné par l'oubli qui semble engloutir Hugues et Lucien. Mes inconnus connaissaient parfaitement les prouesses des grimpeurs actuels, les suivaient sur les réseaux sociaux, réagissaient au moindre de leurs faits et gestes.

Je me demande si je ne suis pas en train de devenir un vieux con, vestige d'une époque passée. Je parcours Internet. Les deux alpinistes ont chacun droit à une courte notice sur Wikipedia, un article nécrologique dans Libé, c'est déjà ça. Le bouquin que Robert Paragot a écrit avec Lucien en 1974 est toujours référencé. Un seul article existe sur Hugues, en anglais, écrit par un Américain pour le magazine The Alpinist.

Mais qu'en est-il de cette amitié incroyable entre Lulu et Hugues, de ces deux trajectoires fascinantes dans le monde alpin, de ces vies en dehors des clous ? Pourquoi le moindre influenceur a désormais droit à sa biographie et pas eux ?

J'ai à nouveau la sensation d'être un vieux con plein de jugements. En quoi les vies de Lucien Bérardini et Hugues Beauzile seraient-elles supérieures à celles des stars de la téléréalité ? En rien. Une vie est une vie. Chacun en fait ce qu'il en veut.

Mais quand même. Pourquoi personne n'a raconté leurs histoires incroyables ? Pourquoi personne ne s'est penché sur le sujet ?

Peut-être, simplement, parce qu'il faut que quelqu'un se décide à faire le boulot et écrive leurs vies...

Partie I

Au soleil de l'Hérault

1

1988 : Montpellier

« *Lulu, c'est une sorte de fauve, un lion, un type instinctif, un anarchiste, un caractère de chien, un emmerdeur... tout ce que tu veux, mais un cœur énorme.* »

(L'acteur Bernard Giraudeau qui s'y connaissait en caractère de chien au cœur d'or)

Il s'emmerde Lulu.
Il rêvait de Marseille, il s'est retrouvé à Montpellier. C'est le Sud, c'est déjà ça. Pré-retraite ni vraiment choisie, ni vraiment subie, mais préférable à son boulot de chef de chantier.
Sur sa dernière mission, il pétait un peu les plombs le Lulu. À se lever la nuit pour tenir les échafaudages, à gueuler sur tout le monde, à trop picoler pour libérer la pression. À ne faire que bosser et écluser encore sur cette tour de la Babote, petit joyau patrimonial de Montpellier.
La tour est magnifique, élancée, avec deux étages empilés comme des briques de Legos. En bas le socle massif, vestige des remparts montpelliérains du XIIe siècle. Posé délicatement dessus, l'observatoire astronomique installé cinq cents

ans plus tard, et dans un tout autre style, par l'Académie royale des sciences.

La Babote, c'est un vestige de l'ancien temps, les fondations solides bien ancrées dans le sol et la tête qui lorgne vers le ciel.

Ce pourrait être une définition lapidaire et cruelle de Lulu, qui a vécu les pieds sur terre, la tête en quête du sommet, à la recherche du ciel, et qui, à presque soixante ans, se retrouve plus avec un verre de vin dans la main qu'avec un bout de rocher à agripper.

Lui aussi, dans un moment d'inattention, à cet instant précis, pourrait basculer dans la catégorie vieillerie respectueuse, voire devenir une de ces espèces de vieux con qu'il hait tant. Il a le CV pour.

Lucien Bérardini dit Lulu. Né à Martigues en 1930, émigré à la capitale pour devenir un pur prolo parisien et ayant pourtant gravé son nom dans l'histoire mondiale de l'alpinisme. Lulu, qui souffla plusieurs premières, sous le regard impuissant des Chamoniards devant sa furie ascensionnelle. Lulu qui lutta sur les plus hautes montagnes du monde, participa aux expéditions nationales pour la gloire de la nation (il s'en foutait un peu) et pour se sentir vivant et heureux (il ne s'en foutait pas du tout).

Dites Bérardini dans n'importe quel refuge de montagne et les yeux s'illumineront.

À Montpellier, les gars du chantier ne connaissent pas sa légende. S'ils ont les yeux qui brillent, c'est pour Lulu la déconne, Lulu, la grande gueule, Lulu, le caractériel, Lulu, l'alcoolo. Oui, ce Lulu-là, ils le voient tous les jours.

Mais Lulu pendu dans le vide d'un surplomb à 500 mètres du sol, sur un piton foireux, fouetté par le vent et la neige, le ventre serré par la faim et la langue collée par la soif, puisant avec rage dans ses dernières forces pour ne pas crever, ce Lulu-là leur est inconnu.

Ils la voient pourtant cette étrange main gauche aux doigts à moitié coupés. Le questionne-t-il ? Sûrement. Mais Lulu n'aime pas les vieux cons qui racontent des vieilles histoires. Il a dû leur sortir une grosse connerie plutôt que déballer sa victoire de 1954 sur la face sud de l'Aconcagua et le prix à payer de la morsure du froid. Première mondiale et stigmates éternels, amputation du pied et des doigts. Le prix de la victoire, marquée à jamais dans sa chair.

Depuis un an, Lucien vit seul à Montpellier. Sa femme Sarah et sa fille Rose habitent à Paris. Elles ont l'habitude.

Depuis des années, Lulu n'est plus qu'un coup de vent. Pendant deux ans, il gère un chantier en Arabie Saoudite puis revient pour partir en expédition au Pakistan avant de filer directement pendant deux nouvelles années sur un chantier en Irak pour finalement atterrir à Montpellier. Il mène sa vie, les autres s'adaptent. L'individualisme conduit à de grandes réalisations personnelles. Il fracasse aussi souvent ceux qui se trouvent à portée d'amour.

À l'automne, l'appartement parisien prend feu. Tout est dévasté. Sarah et Rose rejoignent Lucien à Montpellier.

Le foyer reconstitué, il aurait pu se raccrocher à une vie de famille. Il aime ses enfants, mais la vie de famille, ça n'a jamais été son truc. Entre aimer ses gosses et s'en occuper, le fossé est grand. Et Lulu ne le franchira que rarement.

Sa femme et sa fille trouvent un homme nuit et jour au boulot. Elles le voient péter câble sur câble et assistent à la fin cataclysmique du chantier. Puis déboulent la préretraite et l'inactivité.

En cette fin d'année 1988, Lucien se retrouve avec des journées vides. Plus de boulot dans lequel s'investir, pas d'amis dans cette ville, juste ses anciens collègues avec qui il ne partage pas grand-chose à part se détruire méthodiquement par l'alcool. Plus de sens.

Ses proches le voient sombrer, tourner en rond, s'emmerder ferme, déprimer, picoler.

Dans l'intimité familiale, quand il allait bien, Lulu n'était pas facile à vivre. Un vrai macho, exigeant avec les autres, protecteur absolu de son espace et de son temps. Mais de chiant, il devient désormais exécrable.

Sa peur de la mort ne le lâche plus. Il répète en boucle de ne pas l'emmerder, qu'il va bientôt crever.

— En attendant, t'es toujours là et tu nous fais chier, lui répondent en chœur sa femme et sa fille.

Par quelle magie, alors que tout l'engloutit, ressort-il sa corde et part-il grimper avec sa chienne Margot qui le regarde tranquillement au pied des voies ?

S'est-il vu lucidement sombrer pour qu'au dernier moment, dans un sursaut vital, avant de perdre définitivement pied, il donne ce coup de reins salvateur et rageur qui transforme un mort en montagne en héros victorieux ?

Il retrouve en tout cas le chemin des falaises et écume le joli petit bout de caillou de Saint-Bauzille-de-Montmel. À l'époque, le calcaire est propre et ne luit pas encore sous le frottement répété des pieds et mains des grimpeurs. La falaise barre l'horizon et la vue se déploie jusqu'à la Méditerranée.

L'air embaume le thym, le rocher est chaud et doux, le calme règne.

Lulu grimpe seul. Il s'auto-assure en passant par le haut de la falaise. À Montpellier, il n'a plus ses compagnons de cordée de Chamonix ou de Paris. Il ne cherche pas non plus à rejoindre un club. Ce n'est pas par arrogance, mais simplement, peut-être, parce qu'il a besoin de solitude.

Délicatement suspendu dans le vide, le rocher sous ses doigts, il retrouve ce qu'il croyait perdu : cette sensation d'être exactement à sa place. Ses gestes sont rouillés, son souffle court, mais l'équilibre revient peu à peu. Une prise, une autre. Le rocher redevient un compagnon muet, mais fidèle.

Dans cette solitude, il n'a rien à prouver à personne. Il retrouve juste ce qu'il sait faire de mieux : grimper encore et toujours. Comme la seule constante dans sa vie, le rocher l'a extirpé une nouvelle fois de la dépression et du néant.

2

LA RENCONTRE DE DEUX SOLITUDES

> *« C'est bien de faire un livre sur lui, mais Hugues s'en serait foutu. »*
>
> (SA SŒUR)

À peu près au même moment, à peu près en même temps, dans cette fin d'année 1988, Hugues Beauzile débarque à Montpellier. Il a 21 ans et il ne connaît personne dans cette ville. À part Laure. C'est pour elle qu'il est là. Sa constance, son point d'ancrage amoureux durant toute sa vie.

Ils se sont rencontrés au lycée. Il arrivait de Côte d'Ivoire, avec son père Haïtien et sa mère française, blanche. En Afrique, Hugues était blanc. En France, Hugues est noir. Depuis sa naissance, il expérimente la douloureuse réalité des métis. Dans un monde polarisé, le regard de l'autre le place le cul entre deux chaises. Quelques années plus tard, dans les noms des voies qu'il équipera, cette question de l'identité métissée ressortira de manière frappante.

L'une des premières se nommera Haïti Chérie, sorte d'hommage et de message à son père Raphaël Beauzile, resté en exil en France après que le dictateur Duvalier a pris le pouvoir dans son pays d'origine.

Un père qui restera obnubilé par l'exil, la diaspora, le racisme. Dentiste formé en France, il doit choisir de changer de nationalité s'il veut exercer ici. Haïtien de cœur autant que d'esprit, il s'y refusera. Ce sera, une fois encore, l'exil.

En 1973, il émigre à Bouafle, soixante kilomètres à l'ouest de Yamousssoukro, la capitale politique de la Côte d'Ivoire. Sa femme Nicolle et leurs enfants, Hélène, Fabienne et Hugues le suivent.

Hugues a six ans. Il passe son temps dans la brousse, se balade dans la nature, apprend à reconnaître les signes de présence d'animaux sauvages dangereux. L'écosystème de la rivière Marahoué regorge d'antilopes bubales, de cobes, d'éléphants, d'hippopotames. Il se construira une pirogue pour l'arpenter.

Hugues se met à la course à pied, fait des conneries avec ses copains et le temps s'écoule tranquillement. En 1982, pour pouvoir poursuivre des études secondaires, il revient en France chez sa tante maternelle. Son père finit par accepter de prendre la nationalité française et, dix ans après, retourne en France aussi.

1983, Poitiers, un internat de lycée banal. Hugues va avoir seize ans. Il joue au tennis. Il est vraiment doué. On lui propose même de partir en stage intensif.

Quelle obscure connerie a-t-il faite ? Quel événement insignifiant s'est-il produit ? Personne ne s'en rappelle, mais pour cette raison désormais inconnue, ses parents le privent de stage.

Une décision parmi des milliers d'autres dans une vie qui commence, l'arbitraire parental auquel chaque enfant doit faire face. Ni plus ni moins que la complexe routine éducative permanente.

Et pourtant, ce refus de participation déclenche une réaction en chaîne. Rien de prodigieux dans l'immédiat. Mais à la manière d'un événement anodin dans la théorie du chaos – ce papillon qui bat des ailes et déclenche un ouragan à des milliers de kilomètres par le déplacement d'air infime qu'il a engendré – cette décision parentale se répercutera sur toute sa vie.

Hugues n'ira pas au stage. Il n'ira plus au tennis non plus, jamais. Il arrête, il l'a décidé. À sa compagne Laure, il déclarera simplement :

— À partir de maintenant, plus personne ne fera pression sur moi.

La personnalité profonde de Hugues est née ce jour-là. Plus personne n'aura de prise sur lui, un individualisme forcené s'est éveillé, grandira au fil des années et ne le quittera plus.

Il bascule alors dans l'athlétisme. Il court, court et court encore. La course l'amuse. Quel que soit le temps, quel que soit l'endroit. En vacances en famille, dans une Écosse noyée sous la pluie, il s'en fout, il part courir des heures.

Il est doué. Comme il a été doué au tennis. Comme il sera doué en escalade. Comme le sont ces gens agaçants qui, quoi qu'ils fassent, sont bons. Son corps fonctionne à merveille.

Ou presque. Le genou déraille, le tendon rotulien se grippe, l'opération est inévitable. Dans les années 1980, le peignage du tendon est une opération délicate à la réussite aléatoire.

Son genou ne retrouvera jamais un parfait état de marche. Les inflammations et gonflements récurrents stoppent son élan de coureur de compétition et le gêneront jusqu'à la fin de sa vie.

Le sport à outrance parvenait à canaliser un peu son trop-plein d'énergie. Mais là, avec un genou en vrac, le système scolaire l'emmerde. En 1987, le service militaire l'appelle. Il rejoint les paras dans une unité proche de Bordeaux. La passion de l'uniforme ne l'a pas effleuré mais les commandos de marine l'attirent. La promesse d'une vie d'aventure, d'adrénaline permanente, de sports à haute dose et de sauts en parachute. Ce n'est pas le premier à aller chercher dans l'armée un remède à l'ennui et à une vie morne. Ce n'est pas le dernier non plus à trouver dans le service militaire l'échappatoire à un système scolaire qu'il ne supporte plus.

Malheureusement pour lui, il devient vaguemestre. Soit le mec chargé du service postal. On est loin des héros des films d'époque qui glorifiaient l'institution militaire, comme Van Damme et Belmondo. Il effectuera quand même quelques sauts en parachute. Et notamment le jour où il devait passer le baccalauréat. Sa famille est furieuse. Hugues s'en fout. Il n'aura jamais le bac. Il a effectué un joli saut à la place.

Il rejoint Laure juste après. À Montpellier, elle fait ses études et lui tourne en rond. Se dit que finalement, il va tenter de passer ce bac qui semble un sésame obligatoire pour travailler. Il essaie de rester assis pendant quatre heures, juste le temps d'un cours. C'est impossible, ce n'est pas pour lui. Il ne tient pas en place.

Et puis, un jour, *La vie au bout des doigts*. Depuis 1982, cet OVNI documentaire dans lequel Jean-Paul Jansen filme

Patrick Edlinger sous toutes les coutures, ne cesse de créer des vocations, des envies, des rêves.

Le grand blond se suspend d'une main au rocher, les cheveux encerclés dans son bandeau jaune ou rouge, le petit short moulant tellement has been maintenant. La vie libre, à poil dans son camion à avaler sa compote, torse nu quelques mètres au-dessus de l'eau dans les Calanques ou loin, si loin du sol dans les falaises de Buoux, en plein cœur du Luberon.

Sans corde bien sûr. Solo intégral, risque absolu, un pied qui glisse et la mort le cueille.

Séquence vidéo incroyable quand le Blond dépasse des grimpeurs encordés, lance un « *salut, ça va* », continue sa progression et finit par se suspendre d'un bras, cent mètres de vide sous lui, dans le toit de la voie DSF, plongeant sa main dans son petit sac à pof.

Un souffle sur sa main, un léger nuage de magnésie et Edlinger incarnera l'esthétique absolu et indépassable de l'escalade pendant des décennies.

Combien sommes-nous à avoir eu le vertige en regardant ce film ? À se dire, je veux apprendre à grimper dès le générique de fin ?

Comme des milliers de grimpeurs, Hugues n'échappe pas au magnétisme d'Edlinger. Moi non plus. Mais pas de la même manière. Je prends l'option classique, celle qui rassure, celle du club pour m'apprendre, pour m'encadrer. Le parcours bien balisé, bien contrôlé qui entraîne petit à petit, étape par étape, le pratiquant novice vers l'autonomie.

À l'image de sa vie, Hugues agit tout seul, sans attendre, ni espérer de qui que ce soit. Il se lance dans l'escalade en autodidacte. Il veut grimper, il se démerdera pour aller grimper.

Bien des années plus tard, il partira dans les Grandes Jorasses en hiver, tout seul. Il sera le troisième homme à réaliser cette mythique ascension solitaire hivernale. Volonté d'exploit ? Pas du tout. Personne n'était disponible pour l'accompagner. « *Alors j'irai seul* ». Et il l'a fait.

Pour lui, tout était simple. Soit c'était faisable et il le faisait. Soit ce n'était pas faisable et il passait à autre chose.

L'un des malheurs de l'homme réside peut-être dans tous les projets avortés faute de compagnon. Pour Hugues, cette absence n'est pas une entrave. Tout peut se réaliser tout seul.

La grimpe lui ouvre l'horizon. Très vite, il rassure sa famille. À défaut d'aller en faculté de sports, chose impossible sans le bac, il ira au CREPS. Il passera le brevet d'État d'éducateur sportif et deviendra moniteur d'escalade.

Il grimpe, grimpe et grimpe encore jusqu'à ce que grimper ne lui suffise plus. Il se découvre une passion pour l'équipement des voies. Un talent aussi. Il sait trouver une ligne vierge, la distinguer au milieu de l'océan de rocher, la faire naître en posant des protections au bon endroit pour mousquetonner avec la bonne prise, dans la bonne position. C'est un travail d'orfèvre.

Il se lance à Saint-Bauzille-de-Montmel, équipe trois voies puis bascule sur le magnifique calcaire de la vallée de la Buèges. Sans aucune autorisation et en concurrence avec un équipeur professionnel dûment mandaté, il se fait virer de la falaise sept voies plus tard.

Il retourne dans un vaste espace vierge de la falaise de Saint-Bau, pose ses cordes statiques et perce le rocher. Tout seul.

À quelques mètres de lui, Lulu grimpe. Tout seul aussi.

Les jours de mauvais temps, ils ne sont que deux sur la falaise. L'un est pendu à sa statique et perce le rocher pour équiper de nouvelles voies. L'autre s'assure tout seul, avec sa chienne Margot pour seule compagnie.

Opposition d'apparence entre le sexagénaire aux cheveux blancs et aux doigts coupés et le jeune rasta mangeur de semoule.

Combien de jours ont-ils passé à observer leurs solitudes mutuelles, pendus sur leurs cordes, l'un montant, l'autre perçant la roche ?

Qui a fini par rompre le silence ? Est-ce Lulu qui l'a interpellé avec sa gouaille et son rentre-dedans habituel ? Ou Hugues avec sa jovialité intrinsèque ?

De la naissance de leur amitié, je sais juste qu'elle s'est faite « *comme cela* », selon l'explication laconique que Lucien donna un jour. Sans forcer, sans prendre le temps non plus.

Deux solitudes qui s'observent, un instant de reconnaissance mutuelle, et soudain, le miracle d'une amitié qui naît, entière, sans limite.

Pourtant, l'illusion de l'âme sœur s'érode avec le temps. Aucune personne ne peut parfaitement correspondre à une autre, sauf peut-être dans ces rencontres sublimes et fugaces, qui illuminent une journée ou une nuit. Très vite, la complexité de l'autre se dévoile : ses multiples facettes, ses qualités que l'on chérit, ses défauts que l'on tolère et ceux que l'on préfère éviter.

Ce désenchantement n'est pas propre à l'amour. L'amitié, elle aussi, se heurte à la réalité, obligeant chacun à faire le deuil de l'idéal de perfection complémentaire.

Mais Hugues et Lulu, c'est autre chose. C'est ce rare miracle où deux âmes, unies par leur quête commune de verticalité, trouvent l'une dans l'autre une complicité totale, une amitié sans réserve. Avec eux, pas d'idéal brisé, pas de façade à tolérer. Leur lien dépasse l'ordinaire : c'est la grâce de rencontrer quelqu'un qui, à cet instant précis de la vie, vous comble pleinement.

Ils partageaient les mêmes rêves, les mêmes espoirs, les mêmes valeurs. Ils possédaient les mêmes ambitions, la même liberté, la même détermination, le même besoin de se dépasser. Ils avaient la même capacité à se projeter tous les deux, la même manière de ne pas se prendre au sérieux, le même ennui si la vie manquait d'épices, de défis, de combats. Peut-être la même folie aussi.

La deuxième jeunesse de Lulu est là, sous la forme d'un grand rasta, et à soixante ans, Lucien Bérardini plonge dans le retour à la vie d'escalade et de montagne.

L'histoire ne bégaie pas. Elle ne cherche pas non plus à photocopier les années folles du désormais vieux grimpeur parisien. La vie offre simplement à Lulu la possibilité de se reconnecter avec ce qu'il a toujours été : un homme de la verticalité, de la sociabilité et de la convivialité.

Lulu ne sombrera pas dans la dépression. Il retrouve l'équilibre si souvent rompu, si souvent récupéré. Il reprend le chemin du bonheur. Et il le parcourra avec son fils spirituel.

Hugues a trouvé un copain, un ami, un mentor montagnard, un père spirituel.

3

Et Claret fut découvert

« *Si j'abandonne ce projet [Fitzcarraldo], je serai un homme sans rêves. Je ne veux pas vivre comme ça. Je vis ma vie ou je finis ma vie avec ce projet* »

(Werner Herzog, spécialiste en projet irréaliste et quand même réalisé)

C'est en trompant son ennui que Lucien a découvert Claret pendant une balade dans l'arrière-pays montpelliérain, sa chienne Margot trottant devant lui, fatigué peut-être de tourner sans fin autour du Pic Saint-Loup.

Au début, Claret n'était rien de plus qu'une boutade de Lulu, un truc impossible à équiper. Et il se marrait d'amener Hugues là-bas, voir la tête du Rasta devant cet immense escalier inversé tenant par magie.

Mais la farce s'est transformée en réalité et cette falaise, perdue dans la garrigue, a fini par attirer une foule de toute l'Europe et les meilleurs grimpeurs du monde. Ce n'était pas le but.

En ce début d'avril 1991, la falaise se savoure de loin car aucun sentier ne mène à son pied. De la petite route reliant Claret au causse de Pompignan, il faut se frayer un chemin à travers la végétation, lutter contre les ronces et la salsepareille qui s'agrippent aux jambes, se battre avec les chênes verts.

Se griffer la peau est un rituel païen que beaucoup apprécient : le sang versé sur le trajet renforce la sauvagerie des lieux atteints.

Dans notre monde cartographié dans les moindres détails par les satellites, où chacun peut s'offrir un survol virtuel de la moindre parcelle de terre émergée, la lacération des vêtements et de la peau par la végétation reste un maigre prix à payer pour la récompense obtenue : un endroit inexploré.

Parvenus à l'aplomb des roches, les deux sont subjugués par l'ambiance grandiose. Penchant bien au-delà de la verticale, toute la falaise semble sur le point de se casser la gueule. C'est massif et aérien à la fois, compact et délité, incertain et solide. Sous les toits pendent de grandes stalactites depuis des milliers d'années. L'atmosphère est irréelle.

Hugues et Lulu arpentent le pied de la paroi en se jouant des arbres et des buissons. Et Hugues perçoit l'appel de toutes ces voies vierges. Dans cet océan de roc illisible pour le profane, se matérialise devant ses yeux la trajectoire pour l'escalader. Il la sent, il perçoit les mouvements dans son corps, il ressent les sensations, la gravité qui l'attire pour attraper la prochaine prise. Sixième sens des grimpeurs qui portent un regard différent sur les bouts de caillou.

À leur étonnement, la paroi n'est pas vierge. En plein milieu de la barre subsiste une ligne constituée de vieux pitons. Des hommes sont passés par ici, il y a longtemps sûrement.

Explorateurs anonymes adeptes d'escalade artificielle ? Spéléologues amateurs trouvant un site d'entraînant aux manœuvres de cordes ? Personne n'a laissé de carte de visite.

A-t-il eu l'intuition du travail colossal qu'il devrait accomplir pour aménager la falaise ? Peut-être mais, si c'est le cas, Hugues a dû s'en foutre. Toute sa vie, il a négligé les moyens pour parvenir à ses fins. Qu'importent les efforts à fournir ou l'argent à investir, il est resté persuadé que son énergie et sa ténacité viendront à bout de tous les problèmes.

Le 6 avril 1991, il équipe la première voie qu'il baptise *Clair Obscur*. Le 8 avril, il termine *Orgao* — organe en Portugais ou peut-être que cela n'a strictement rien à voir et qu'il trouvait juste la sonorité jolie.

Les deux voies sont sublimes. Et engagées.

Hugues a déjà équipé une trentaine de voies. Mais, pour une fois, il veut un avis sur ses créations, sur la falaise, sur la solidité du rocher. Souhaitait-il être rassuré ou juste partager la découverte de cette falaise prometteuse ?

Toujours est-il qu'il contacte Pierre Rouzo, personnage central de l'escalade dans l'Hérault. Et même d'un peu plus loin.

Avec Hugues, ils se sont déjà croisés à Russan, une célèbre falaise du Gard. Pierre s'était marré en le voyant avec son pote.

— Ils avaient le même froc vert pisseux. Ils bourrinaient dans un 7a. Hugues était vraiment teigneux, il s'énervait, il rentrait son pif, un rictus assez extraordinaire.

En ce début des années quatre-vingt-dix, Pierre est l'un des plus forts grimpeurs du sud de la France. Son physique ne l'indique pas. Edlinger, toujours lui, a inscrit dans l'inconscient collectif le corps archétypal du grimpeur : grand, fin, élancé. Ce n'est pas celui de Pierre.

Et pourtant, il grimpe magistralement. Ses performances sont proches du niveau maximum de la discipline à l'époque et son style est éblouissant. L'esthétique plus que la force, la beauté du mouvement pour le plaisir du corps et des yeux, une danse sur le rocher pour jouer avec la nature.

Grimpeur magnifique, Pierre est aussi un équipeur passionné. Des falaises de l'Hérault à celles du Gard et de l'Aveyron, parfois un peu plus loin, il a laissé son empreinte d'équipeur exigeant sur des centaines de voies. La passion, toujours et encore, permet d'accomplir toutes les grandes choses qui ne sont pas rentables.

Autant Hugues était rebelle, autant Pierre était l'anti. Anticonformiste, antimilitariste, anti tout ce que vous voulez. Une personnalité clivante, un foutu caractère, un affreux moustachu selon ses propres dires. Mais un mec intègre chez qui la provocation constituait souvent une invitation à la confrontation intellectuelle et à la rencontre. Curieux procédé éloigné du politiquement correct, fatigant pour certains, drôle pour d'autres, jamais anodin dans tous les cas.

Quand Pierre arrive au pied de la paroi, essoufflé par son paquet de Gauloises quotidien, sa réaction est plutôt sensée.

— Tout va s'effondrer, dit-il simplement à Hugues.

Mais, à être monté jusque-là, il grimpe quand même les deux premières voies de Hugues. C'est beau. C'est très beau. C'est magnifique même. De l'escalade sublime, dans un cadre superbe, du vide et de l'ambiance malgré la modeste hauteur de la paroi.

Après s'être fait traiter de vulgaire maçon lors de ses équipements à Saint Bauzille de Montmel, Hugues reçoit une validation qui compte. Celle d'un homme qu'il admire pour son travail d'équipeur acharné et sa vision de l'escalade. À cet instant, les efforts de Hugues trouvent un écho.

« *Cela a été pour lui sa première reconnaissance, sa première valorisation et cela a été le déclencheur* », se rappellera Laure.

Claret exerce une étrange magie. Pierre se laisse happer, tout comme Hugues et Lulu avant lui. En quelques instants, il comprend qu'il ne pourra plus se détacher de cet endroit. Ce n'est pas qu'une falaise : c'est une promesse, un défi, un rêve à construire.

Pierre se voit déjà suspendu sous les toits de calcaire, le perforateur dans une main, une clope dans l'autre. Ce n'est pas seulement une falaise qu'ils vont équiper, c'est un monde qu'ils vont créer ensemble sur cette crête des Embruscalles.

4

L'ASSAUT IMPOSSIBLE (ET POURTANT)

Dès ce mois d'avril 1991, Hugues et Pierre s'allient pour manier le perforateur. L'outil, monstrueux de puissance et de lourdeur, troue le rocher pour loger les broches d'assurage. Il ne sera plus lâché pendant six mois.

Tout comme la masse, la barre à mine et le cric de voiture. « *Seule la dynamite n'a pas été employée* », notera Hugues. La première intuition de Pierre était bonne : la falaise manque de se casser la gueule en permanence. Seule solution, purger, déloger les pierres instables et les cailloux à moitié descellés et faire tomber ces tonnes de rocs en priant pour qu'ils n'atterrissent pas sur la route en contrebas.

Purger une falaise réveille un plaisir enfantin, celui du gamin qui construit sa tour de Kapla pour la démolir aussitôt, un sourire aux lèvres. Ce même bonheur simple qui habite encore de nombreux adultes lorsqu'ils jettent une pierre dans un lac en contrebas, juste pour attendre le « *plouf* » avant qu'elle disparaisse sous l'eau.

Certains blocs font la taille, au choix, d'une armoire normande, d'un frigo ou d'un piano à queue. Ils se posent en douceur dans une petite volute de poussière ou se fracassent dans un grondement. L'un créera même une tranchée de plusieurs centaines de mètres en dévalant la pente, perforera la route en rebondissant sur le goudron et s'explosera dans les vignes en contrebas de la falaise.

Une fois que tout ce qui ne tenait pas dans une ligne s'est éparpillé par terre, l'équipement commence réellement.

Hugues et Pierre équipent large, laissant de l'air entre les points d'assurage. Pas par souci d'économie, mais par conviction. Pour eux, l'escalade ne se résume pas à empiler des mouvements jusqu'au sommet : elle doit être plus qu'un simple sport. S'élancer dans une voie, quitter le sol et basculer dans la verticalité, c'est entrer dans une aventure. Une aventure qui ne se vit pas seulement avec le corps, mais aussi avec l'esprit.

À Claret, leur équipement engagé réinvente l'esprit des explorateurs d'autrefois, renouant avec une tradition où l'effort physique et le dépassement intérieur allaient de pair avec la découverte.

Le jeu ne peut se cantonner à une lutte contre la gravité. Le grimpeur s'élance dans un voyage incertain, peuplé de peurs et de craintes, de doutes et de dépassements de tout cela. Personne n'est à l'abri d'un pied qui glisse ou d'une prise qui casse, d'un muscle qui tétanise ou de doigts qui s'ouvrent sous la pression de la fatigue. Personne n'échappe au doute sur sa capacité à attraper la prochaine préhension alors que le dernier point d'assurage se situe loin, si loin sous soi.

Des points d'assurage sciemment éloignés mais toujours idéalement placés, des chutes potentielles de parfois dix à douze mètres mais jamais dangereuses pour peu que l'assureur soit compétent, un combat mental autant que physique nécessaire pour continuer, aller plus haut, aller au sommet, aller jusqu'au bout de la voie et de soi-même... voilà ce que recherchent Hugues et Pierre. Une lutte de soi contre soi, avec la nature qui fournit les armes.

Car équiper est un acte poétique, celui de sublimer le cadeau de la nature. Pierre Rouzo, toujours à l'affût pour martyriser un peu ses congénères le répétera : « *Gloire à ces pseudo-poètes qui se touchent le pistil en parlant de « chefs-d'œuvre » lorsqu'ils parlent d'ouverture. Gloire à ceux qui se prennent pour des peintres lorsqu'ils signent d'un petit nom ronflant le bas des voies qu'ils finissent d'ouvrager. Qu'ils sachent quand même — car ils l'ont oublié — que la seule œuvre maîtresse est tout simplement la nature. Et que l'intervention de l'homme n'est que basse besogne* ».

Équiper revient à rendre hommage à cette nature et à ne pas gâcher le bijou qui surgit devant soi. Pour celui qui n'a jamais pris pied sur une falaise, le discours pourrait sembler prétentieux. Mais il suffit de lever la tête à proximité de n'importe quelle barre rocheuse pour être saisi par l'immensité déroutante de ces lieux. Les équipeurs sont souvent des visionnaires pour imaginer un cheminement logique dans ce dédale de roches.

En la matière, Hugues et Pierre sont des maîtres, de ceux qui voient la ligne, qui mettent le point d'assurage exactement au bon endroit, pour que tout soit naturel, que l'escalade se résume à un grand voyage émotionnel et sensitif sur le rocher.

Mais cet effort titanesque n'est pas sans conséquences. Ce terrain de jeu qu'ils s'approprient, ils le prennent aux véritables maîtres des lieux. À chaque trou percé, chaque roche délogée, un écho résonne dans le territoire des oiseaux.

Lulu, Hugues, et Pierre ne sont pas des militants écologistes mais ils sont amoureux de la nature et de la vie sauvage.

Chaque jour, au pied de la paroi, ils contemplent cette vie, fascinés par sa beauté simple et évidente. Les martinets glissent dans l'air avec une précision presque irréelle, les choucas s'interpellent de leur cri rauque, et les faucons crécerelles planent silencieusement, guettant leur proie.

Et pourtant, ils avancent. Ils percent, martèlent, purgent le rocher, conscients qu'ils dérangent, qu'ils modifient. Le territoire des oiseaux devient aussi le leur, et cette conquête n'est pas sans conséquences.

Dans les années 1990, peu de voix s'élèvent encore pour alerter sur l'impact humain. La nature semble infinie, éternelle, résistante. Le premier sommet de la Terre, à Rio, est encore à venir. Les associations écologistes crient dans le vide, leurs avertissements noyés dans une indifférence généralisée. Ça n'a pas vraiment changé, le greenwashing a juste remplacé l'indifférence.

Les trois grimpeurs possèdent ce lien instinctif avec le vivant, cet émerveillement candide et fabuleusement naïf, ce regard d'enfant devant la beauté de la vie. Un jour, Hugues trouve un mulot orphelin et décide de le garder avec lui, le glissant dans sa poche pour grimper. Le monde semble moins froid, moins dur, lorsque l'on partage un instant avec une créature si fragile.

Mais l'équipement continue, comme une nécessité, une pulsion irrépressible. Car, pour eux, apprivoiser la falaise, c'est aussi honorer la beauté brute de ce lieu, la rendre accessible, sans jamais chercher à la dominer.

En 1993, dans le premier topo de Claret, l'ouvrage qui répertorie toutes les voies du site et leurs difficultés, une pleine page noire sera barrée de cette conscience : « *À la nature et à tous les faux culs comme nous, qui avons chassé les oiseaux par la force des choses alors que de tout temps, ils ont vécu ici...* »

Bérardini écrira une courte nouvelle intitulée « *Les emmerdeurs* ». L'histoire d'un couple d'aigles de Bonnelli, espèce menacée dont seuls quelques spécimens survivent encore dans l'Hérault, qui fuit encore et encore la présence des hommes. La tranquillité des oiseaux face à l'appétit des grimpeurs pour les faces vierges, le problème est déjà posé.

Bien des années plus tard, un secteur entier de Claret sera entièrement déséquipé pour respecter un équilibre entre les hommes et la faune. Finalement, l'escalade en salle est peut-être la plus respectueuse de la nature...

***

Désormais, la vie est ritualisée. Lulu appelle Hugues tous les matins et passe le prendre avec sa chienne Margot. Ils retrouvent Pierre et souvent un quatrième acolyte, François Fromager qui a rejoint le trio.

Pierre et Hugues équipent, François et Lulu aménagent le pied des voies. Travail de forçat sur la terre comme au ciel. Mais ils sont ensemble, dehors, couverts de poussière, libres et heureux.

Lucien achète une 205 GTI. La rouge, le modèle mythique. Beaucoup trop de chevaux pour son poids. Et pourtant, ce sera la seule voiture qu'il ne pliera pas, lui qui a encastré un nombre incalculable de bagnoles.

Tous ceux qui ont eu l'occasion, ou l'audace, de monter en voiture avec lui s'en souviennent : Lulu avait une conduite pour le moins téméraire. Il roulait vite, seul au monde, défiant les règles avec une insouciance déconcertante. Un vrai con selon certains mais il faut reconnaître qu'il savait piloter. C'est le minimum pour éviter de mourir bêtement dans un accident de voiture.

À Chamonix, il participait à des concours de montée au col des Grands Montets avec un rocher sur l'accélérateur. Il traversait le tunnel du Mont Blanc à 150 km/h. À Montpellier, il insultait les autres automobilistes en permanence. Il le faisait ailleurs aussi.

Sur l'autoroute entre les deux villes, il s'amusait à doubler sur la bande d'arrêt d'urgence. Les gamins qu'il embarquera bien des années plus tard pour des stages d'alpinisme se marreront. Les parents peut-être moins. À défaut de prudence et de bonne convenance, il gravait des souvenirs à toute une génération et l'image d'un mec complètement hors des clous.

Comble de l'ironie, il ne conduisait pas la seule fois où la mort l'a frôlée dans un accident.

C'était en 1957, le week-end du 15 août. Michel Grassin, Robert Paragot et Lulu reviennent de Chamonix. Ils ne dépasseront pas le petit massif montagneux du Morvan. Huit jours de coma, trois mois à l'hôpital pour Robert, bassin fracturé, main brûlée pour Grassin. Et miraculeusement rien pour Lulu.

Un mois après la découverte de la falaise, le 8 mai 1991, le petit groupe organise une première visite pour les grimpeurs du coin. Plaisir d'offrir comme motivation première mais pas que. Équiper coûte cher. Et ni Hugues, ni Pierre n'ont vraiment d'argent.

Ce jour-là, une petite session compétitive est ainsi proposée contre une participation modique. Une tombola est lancée aussi. Et au sommet du chemin d'accès, ils posent une boîte avec un mot : « *Ces quelques voies vous ont plu ? Participez à l'ouverture des autres !* ».

Une soixantaine de grimpeurs découvrent le site, profitent des voies, s'amusent, s'engagent, vibrent. À la fin de la journée, la boîte contient 56 francs. Un billet de 50 et quelques pièces. Seules deux ou trois personnes ont donné.

Le montant est dérisoire comparé aux dizaines de milliers de francs nécessaires à l'équipement de la falaise. Aujourd'hui, la plupart des sites naturels d'escalade sont gérés, conventionnés, entretenus. Les financements sont croisés entre les collectivités territoriales, les clubs, la fédération de la montagne et de l'escalade. Des marchés publics sont lancés, des procédures mises en place.

En 1991, à Claret, c'est le mode sauvage qui a été enclenché. Informer le propriétaire de la falaise ? Pour quoi faire ? Demander des financements aux institutions ? Même pas en rêve ! Quand le Conseil général de l'Hérault proposera une aide financière, Hugues la refusera. Il ne veut rien devoir à personne. Mieux vaut manquer d'argent que risquer une part de sa liberté.

La falaise est là, l'envie aussi. La débrouille et l'énergie résoudront tous les problèmes. Faire tout par soi-même, c'est échapper à la contrainte. Les deux savent qu'ils font du beau travail, ils ne rendront de compte à personne.

Hugues est un mec tout à la fois passionné et généreux. Ce genre de personnes qui ne compte ni son temps, ni son argent. Qui se fout des questions matérielles, qui ne regarde jamais si son compte en banque est dans le rouge. Il a besoin de quelque chose ? Il l'achète. Et, à Montpellier, son seul besoin réside dans du matériel d'escalade.

Il est au RMI, l'ancêtre du RSA. Aide sociale d'un côté, aide familiale de l'autre.

Sa grand-mère lui paye le loyer. Il surnomme sa sœur la Banque de France en se marrant. À chaque tombola qu'il organise pour financer l'équipement de Claret ou la création du club Scalata l'année d'après, la majorité des tickets sont achetés par le clan Beauzile.

La famille n'est pas attachée à l'argent, ça tombe bien. L'épanouissement personnel est le plus important chez eux. Ses proches le soutiendront pour qu'il ait la liberté de faire des choix voulus et non subir un parcours sécurisé morose. Seule condition : s'engager à fond dans les projets, se dépasser, placer la barre haut, faire du mieux possible. Ça tombe bien aussi, Hugues ne fait pas les choses à moitié.

La petite communauté de grimpeurs qui commence à se rassembler à Claret est admirative de ce mec qui défie la rationalité. Tous les jours, il équipe sans se préoccuper de sa vie professionnelle ni de l'aspect financier. Don de son temps, don de son énergie, don de tout son argent pour que l'escalade soit possible dans ce lieu qui l'aimante.

Pour le monde normalisé, un cas typique d'obsession pathologique doublé d'un cas social.

Pour les grimpeurs du coin, générosité absolue d'un type qui travaille d'arrache-pied de manière bénévole pendant deux ans et investit tout son argent dans l'équipement. Et qui se fout du lendemain, de son image, du qu'en-dira-t-on.

Et si Hugues incarnait tout simplement l'individualisme altruiste, deux concepts si souvent mis en opposition et pourtant loin d'être antithétiques ?

Il possédait tout de l'individualiste absolu. Il n'acceptait pour règles que celles qu'il érigeait lui-même et pour seules contraintes, celles qu'il s'imposait. L'individualisme est une philosophie sociale, non pas un trait de caractère. Placer l'individu avant la société dans la chaîne de pouvoir tient plus de la politique que de la psychologie.

Hugues ne faisait que ce qu'il voulait. Il refusait de renoncer à soi quelles que soient les circonstances. Point barre. Il ne faisait aucun effort pour plaire ou déplaire.

Mais il était profondément généreux. Il n'a pas seulement donné deux ans de sa vie pour équiper une falaise gratuitement pour les autres. Il accueillait aussi en permanence les grimpeurs lointains chez lui. Nombreux sont ceux qui ont trouvé un abri et un plat de semoule le soir venu. François Fromager a habité chez Hugues et Laure pendant des mois. Lulu aussi pendant un trimestre quand l'orage grondait avec sa femme.

Porte ouverte et cœur sur la main, discussion et curiosité de l'autre, gaieté perpétuelle, passion et énergie, enthousiasme et charisme se conjuguent en lui et font dire à tout le monde que c'était, tout simplement, un mec formidable.

L'altruisme ne s'oppose pas à l'individualisme, il est simplement le contraire de l'égoïsme. L'individualiste n'accepte pas les règles extérieures à lui, l'égoïste ne pense qu'à sa gueule.

Dans le trio qu'Hugues, Lulu et Pierre forment sur la falaise, il est plus question de déconner que de philosopher.

Sur le fond, sur les grandes options philosophiques, ils n'en causaient jamais mais ils étaient sur la même longueur d'onde.

« *Primarum vivere, deinde philosophari* ». Vivre d'abord, philosopher ensuite. Les locutions latines sont toujours pratiques pour résumer les pensées.

En plus de l'adéquation philosophique, et de manière très concrète, Pierre n'a pas un rond non plus. Le chômage est commode pour passer ses journées à Claret, moins pour financer l'équipement.

Les deux saignent le peu de sous présents dans leur porte-monnaie. Mais apports personnels, tombolas et dons du ciel ne suffisent pas. Il faut se servir ailleurs. Les chaînes qui sécurisent les relais en haut des voies sont volées sur les chantiers, les maillons rapides dans les supermarchés.

Pendant tout le temps de Claret, Lulu redevient un coup de vent pour sa famille.

Les trois partent tôt et rentrent tard le soir. Boulot acharné puis bistrot à Claret, on dirait les prolos de Zola façon grand air. La convivialité et le partage avant tout, l'appel de l'alcool aussi un peu.

De son côté, Laure, la compagne de Hugues, confiera plus tard :

— Pendant des années, je n'ai vécu qu'à travers Claret. Tout était Claret : l'argent, la vie de couple, les ambitions, la détente, les prises de tête...

Le soir, Lulu et Pierre picolent au bar de Claret, Hugues empile les verres de jus d'ananas. Il ne boit pas d'alcool depuis sa seule et unique cuite lors de son internat au lycée. Le lendemain de cette soirée adolescente, Hugues s'est réveillé le corps couvert d'ecchymoses et de griffures, la tête comprimée dans un étau. La veille, complètement bourré, il avait réalisé la première du tour de l'internat par l'extérieur. Au troisième étage. Ses copains ont fini par le traîner jusqu'à un lavabo pour lui foutre de l'eau sur la gueule. Hugues comprend qu'il a failli mourir connement. Il ne boira plus jamais d'alcool de sa vie.

Pierre confiera avoir laissé une fortune au bistrot de Claret. Lui qui ne gagnait pas un rond.

Cet appel du bistrot est si fort qu'il finit gravé sur la falaise comme nom d'une voie. Blagues potaches, contrepets, prises de positions politiques, histoires et anecdotes personnelles... Une bonne partie de la vie des équipeurs se peint souvent au pied des voies.

Dans le bien nommé bar des Sports de Claret, les grimpeurs s'insèrent dans le microcosme villageois. Le bistrot accueille cette nouvelle population, si différente de la clientèle habituelle. Le temps du lieu se rythme d'une autre manière. Aux classiques rituels de l'heure de l'apéro, des retours de chasse et des rencontres de football et de rugby se greffent désormais les fins d'après-midi de grimpe.

Coexistence pacifique sous l'œil bienveillant des patrons : il y a pas mal d'argent à gagner avec cette petite communauté grimpante qui célèbre au bistrot les victoires comme les défaites.

Après six mois de labeur quotidien et trente-huit voies brochées, Pierre s'arrête. Les grands toits ont été équipés avec Hugues, un nouveau royaume de l'escalade à l'envers est ouvert. Il ne s'arrête pas de grimper pour autant mais se remet un peu à bosser. C'est utile parfois de gagner de l'argent.

Hugues continuera tout seul, pendu à ses cordes, sous le soleil brûlant ou, comme il l'a noté, avec la lune pour unique compagnie. Un travail démesuré, à son image, pour offrir à d'autres le même frisson de liberté. Au bout de cent trente-cinq voies équipées et deux ans de travail acharné, il lâchera enfin le perforateur.

5

Mort aux cons !

« Mort aux cons, c'est une formule.
Et tu vois bien qu'elle ne marche pas :
t'as réussi à monter jusqu'ici ! »

(Lulu à un inconnu)

Ce fut d'abord une inscription peinte sur une planche qui servait de marche dans la montée. Enlevée par des grimpeurs qui se sentaient visés. Remise par le noyau dur. Retirée, remise et rebelote. Après elle fut scellée dans quatre plots de béton. Mais quand même retirée par des rageux, remis par d'autres rageux. La guerre de la pancarte dura des années.

Et puis finalement, trente ans plus tard, ce ne fut plus rien. « *Mort aux cons* » a disparu, les fondateurs aussi et Claret est devenu simplement une magnifique falaise. L'impermanence, le seul concept permanent…

Dès la fin de la première année, le temps où seuls Lulu, Hugues, Pierre et François squattaient la falaise est révolu. La famille s'élargit d'abord aux grimpeurs amis. Et toute une communauté naît de l'équipement de ce bout de caillou.

Pendant qu'Hugues, inlassablement, continue d'équiper, que Lulu garde la baraque en houspillant les uns les autres, ils sont désormais une trentaine à grimper tous les jours. Ou à passer sans enfiler un baudrier ou des chaussons, juste pour discuter, rigoler, encourager les copains qui s'acharnent dans un pas, observer les manières de franchir un passage difficile, se marrer d'une grosse chute.

Amitié, partage, solidarité, la falaise devient le lieu où nombre de solitudes se dissolvent. Pierre confiera qu'avoir « *une petite troupe de copains* » lui avait beaucoup manqué quand il a commencé l'escalade. Lulu grimpait tout seul à Saint Bauzille de Montmel et Hugues faisait ses trucs dans son coin.

Combien sont-ils, à Claret, à avoir trouvé bien plus que des voies à escalader ? Combien sont-ils à avoir découvert des amis, des complices, pour partager l'activité qu'ils aiment le plus ? Combien sont-ils à avoir trouvé ici un refuge contre l'individualisme et l'anonymat du monde moderne ? Combien sont-ils, enfin, à avoir vaincu leur solitude et découvert une famille, une communauté qui donne un sens nouveau à leur vie ?

Car, ici, pour toutes et tous, la convivialité devient obligatoire. Personne n'est anonyme à Claret, personne n'est indifférent à l'autre. Ici, on ne consomme ni les voies d'escalade, ni la nature, ni les gens. On vit avec et avec tous les humains présents. Personne ne viendra poser sa corde sans dire bonjour, sans discuter, sans partager. Le noyau dur appelle la falaise « *la maison* ». Les mots ne sont jamais anodins.

Par un concours de circonstance, Lulu prend sous son aile un jeune grimpeur prometteur : Daniel Dulac, surnommé « *le marmot* », qui deviendra quelques années plus tard vainqueur de la coupe du monde d'escalade. Daniel a une soif inextinguible de grimper, surtout quand les autres grimpeurs ont plutôt soif d'aller boire une bière à la fin de la journée.

Soir après soir, Lulu assure Daniel jusqu'à la nuit tombée, au grand désarroi des copains. Et quelques-uns grincent des dents en voyant ce « *marmot* » monopoliser leur ami et les priver de sa présence légendaire au comptoir.

Car, sur la falaise ou au bistrot, Hugues le rebelle, Pierre l'anti et Lulu l'instinctif aimantent et fédèrent. Pourtant, derrière leur charisme, ils partagent un caractère aussi brut que le rocher qu'ils grimpent chaque jour. Qu'un détail leur déplaise, un mégot jeté au sol, un type qui débarque sans un bonjour, et leur virulence éclate. Pas méchants, juste entiers. Des gars sans filtre, qui disent les choses comme elles viennent.

La convivialité passait souvent par la provocation, sans aucune retenue et avec une absence totale des codes de bienséance. Fatigant, perturbant, mais efficace pour briser la glace.

Lulu n'était pas du genre à y aller en douceur : sa méthode relevait du bulldozer langagier, alternant plaisanteries lourdes et blagues douteuses, n'hésitant pas à user de grossièretés avec les femmes ou d'ignobles blagues racistes avec les étrangers. Parfois, il avait une autre technique avec les nouveaux venus qui restaient dans leur coin : exhiber sans un mot sa main et ses pieds amputés, laissant le malaise ou la curiosité faire le reste.

Mais derrière les provocations, ce sont les grandes fêtes qui scelleront aussi cette communauté.

La première, en 1992, célèbre l'anniversaire du « vieux » Lulu. Le gang des grimpeurs de Millau en assure une bonne part de l'organisation. Une fête à l'image de la vie sur la falaise : démesurée et mémorable.

L'alcool coule à flots, les volutes d'herbe embaument l'air, et les chutes spectaculaires dans les toits, sous les cris exaltés de la foule, rythment la nuit. Ivresse et vertige se mêlent pour célébrer ce qui les unit : la joie brute d'être vivants, ensemble, suspendus à ce moment hors du temps.

Lulu est un amoureux de ces moments d'excès. À Fontainebleau dans les années soixante, il savourait l'extravagance des fêtes comme prolongement naturel des journées d'escalade. L'une d'elles est passée à la postérité. Dans leur repaire du Cuvier, Lucien et ses copains redécorent intégralement les rochers avec une toile peinte représentant Notre-Dame de Paris. Ils reconstituent la cour des miracles, tous déguisés en gueux, font griller des cochons, percent des barriques de vin. Jusqu'au petit matin où ivre mort, ils s'écroulent enfin, victime de cette nuit épique.

L'année suivante, en 1993, la fête annuelle de Claret se dote d'un saut à l'élastique. Ce n'est pas suffisant. L'excès, toujours l'excès ! Alors, la troisième année, une catapulte à élastique est installée. Le principe est simple : mourir de peur en se faisant projeter loin, très loin, dans la nuit noire à une vitesse inimaginable.

Depuis les premières broches scellées sur la falaise, ce jeu avec le vide cimente le groupe. C'est le passage obligé pour être adopté. Accepter l'engagement, accepter la chute, accepter l'émotion vertigineuse qui te saisit quand tu tombes de dix mètres. Claret ne serait pas Claret si les hauteurs de chute étaient de faibles hauteurs, si l'engagement était moindre.

Le grand plomb devient un rite de passage. Si tu l'acceptes, tu es adopté. Sinon, tu subiras les railleries de la troupe et tu auras peut-être droit à un petit dessin moqueur dans les cahiers du bar.

Hugues avait instauré un jeu : celui qui arrive au sommet d'une voie sans repos artificiel ne mousquetonne pas la chaîne du sommet. À la place, il saute. Cette chute volontaire, souvent d'une dizaine de mètres, à trente mètres du sol, retenue par une corde moins épaisse qu'un centimètre et un mousqueton guère plus gros, constitue un acte fondateur dans l'intégration au groupe.

« *Sans peur, il n'y a pas de vrai courage* », affirme le proverbe. Et face à un saut pareil, rares sont ceux qui restent insensibles.

Hormis les grimpeurs aguerris qui le pratiquent chaque jour, pour les autres, c'est une bataille intérieure fascinante. D'un côté, le cerveau primitif, siège des émotions. Le système limbique inonde le corps d'adrénaline et de cortisol : les muscles se crispent, le cœur s'emballe, et une voix intérieure hurle « *Stop, danger !* »

De l'autre, le cortex préfrontal, la raison, qui calcule, pèse les risques et les bénéfices. Peu à peu, il transforme le murmure d'un « *tu peux le faire* » en un audacieux « *et si je sautais ?* ».

Puis vient le moment décisif. Le saut. Le vide.

Et juste après, la récompense : une vague d'endorphines et de dopamine déferle, apportant l'euphorie, la satisfaction, la fierté d'avoir osé. Une sensation qui, l'espace d'un instant, fait oublier toutes les peurs du monde.

Les jeux avec la chute et le vide devinrent de véritables rites de passage. Mais, en parallèle, un autre défi, plus secret, prit forme : celui d'interdire toute chute. L'escalade dans sa forme la plus pure et la plus extrême, le solo intégral, sans corde ni protection, où chaque mouvement devient une question de vie ou de mort.

Parmi ces défis extrêmes, l'un est passé à la postérité, celui de *La Rançon du Woodoo*. Cette voie, combinaison logique de *La Rançon du Succès* et *Woodoo*, emprunte le meilleur des deux itinéraires. Une envolée fantastique.

Ce matin-là, tout est calme. Le soleil brille, le ciel est bleu. La falaise est déserte, à l'exception des quatre permanents. Hugues s'affaire ici et là, Lucien et François s'échauffent un peu plus loin. Pierre, lui, sait que c'est le jour.

Quarante fois il a gravi cette voie, encordé. Quarante fois sans chute. Aujourd'hui, il s'élance seul, sans corde.

Le dévers s'ouvre devant lui, offrant du gaz, de la grandeur, et cette beauté brute qu'il connaît par cœur. Les prises défilent, les pieds se posent. À chaque geste, la concentration est totale : la moindre hésitation pourrait être fatale.

Puis vient le sommet. Là où tout se joue. Les prises s'éloignent, exigeant des mouvements amples, audacieux. Il ne regarde pas en bas. Ses pieds, invisibles, trouvent leur place d'instinct pour éviter l'irréparable. Enfin, il franchit le toit, le cœur battant, et atteint le relais. Vivant. Triomphant.

Au sommet, une corde pend à côté. Il fait une queue-de-cochon, passe sa main dans le nœud et Hugues le descend plein gaz, pendu par un bras, comme au cirque.

Lucien est en bas. Un immense sourire barre son visage, la joie pure et rayonnante.

Pierre décrira cet instant comme « *le plus beau moment du plus beau des meilleurs souvenirs d'escalade* », se demandant même si ce n'était pas le plus beau jour de sa vie. Parfois, la confrontation avec la mort est seule à même d'offrir l'extase d'être vivant.

Pourquoi franchir cette lisière si fragile ? Pour cette force vitale qui naît dans la lutte pour rester en vie ? Pour l'état de flow, ce moment de concentration absolue où toute pensée parasite disparaît ? Pour la sensation de liberté totale, que seule l'absence de corde peut offrir ? Ou pour ce lien brut avec la nature, une communion intime et spirituelle, débarrassée de tout artifice ?

Aucune bonne réponse, aucune mauvaise non plus. Les motivations varient d'un grimpeur à l'autre, mais la pratique est ancienne. Aux débuts de l'alpinisme, les premières ascensions se faisaient en solo, avec une simple corde en chanvre nouée autour de la taille. Une chute signifiait la mort. La corde servait uniquement à sécuriser le second de cordée, tandis que le premier avançait, seul, face au vide et au danger.

Au Saussois, dans la voie La Martine, une photo des années cinquante montre Lulu en grosses chaussures de montagne, chaussettes en laine remontées sur le pantalon. Pas de baudrier. Juste la corde nouée autour de la taille. Dans une position alambiquée, si loin du sol. Le solo et la prise de risque naturellement.

Mais cet équilibre fragile, cette communion presque intime entre le rocher et ses explorateurs, n'était pas faite pour durer. Car ce qui fait la grandeur d'un lieu finit toujours par attirer les regards. Et à Claret, l'inévitable arriva : le secret s'ébruita. Le bouche-à-oreille est le prince des zizanies futures.

« *Il se murmure que* », là-bas, dans l'arrière-pays de Montpellier, une falaise incroyable a été équipée. Le petit groupe du début ne pourra garder son lieu secret et protégé. Le site est trop beau pour ne pas attirer les grimpeurs en masse. Et peu à peu, la falaise se remplit d'inconnus.

Cependant, Claret n'est pas une falaise comme les autres. Ici, on ne grimpe pas en simple visiteur : il faut accepter les règles tacites imposées par le noyau dur. L'anonymat n'a pas sa place. Si tu viens, tu dois te connecter avec les locaux, tisser un lien, t'intégrer. C'est obligatoire sinon tu vas en prendre plein la gueule.

Tu dois accepter les jeux imposés et le bizutage. Sans aucun topoguide jusqu'en mai 1993, toute personne arrivant sur la falaise ne pouvait connaître le niveau des voies. Obligation de demander. Et le jeu était, souvent, de répondre n'importe quoi, en dessous du niveau réel, pour envoyer l'autre au carton dans les voies les plus engagées.

Hugues répondait, quelle que soit la voie, c'est 6c. Lulu s'emportait :

— C'est combien ? C'est combien ? C'est 200 !

Mais pourquoi ? Pour rire en fait. Humour d'ado et blagues de mauvais goût pour les uns, légèreté face à la grande farce qu'est la vie pour eux.

Dans la voie King of Bongo, une fausse broche d'assurage avait été installée. Dès qu'un étranger partait dedans, Hugues, Lulu, Pierre et les autres se rassemblaient au pied de la voie et attendaient en se marrant par avance.

Le mec - l'escalade était un sport très majoritairement masculin à l'époque - mousquetonnait le faux point et continuait son escalade. Jusqu'à ce que le mouvement de la corde fasse se décrocher la broche du rocher. Il faut s'imaginer être sur une paroi et voir son cerveau transpercé par une interrogation vitale : si les points ne tiennent pas, en fait, je vais crever si je tombe.

Et en bas, tout le monde se marre de cette situation. Est intégré au groupe celui qui réagit avec flegme et humour de la situation et continue de grimper sans peur jusqu'au prochain point, celui qui s'énerve et râle est désintégré.

Il faut rire et se vanner. Rire de ses frayeurs et rire des angoisses des autres. Rire des chutes vertigineuses et rire des réussites. Rien n'est sérieux. Et certainement pas l'escalade. Envoyer quelqu'un dans une voie très engagée avec des chutes potentielles de dix mètres, c'est s'offrir un beau moment de rigolade devant la peur de l'autre. Et un beau spectacle quand le type vole dans les airs et pendule sous les grands toits. Bien assuré, le risque est quasiment nul. Seul l'esprit est fracturé par le jeu avec le vide.

Aucune méchanceté. Juste se marrer. Ne pas se prendre au sérieux. Celui qui arrive pour simplement faire une performance en sera pour ses frais. À Claret, on vient vivre une expérience, pas cocher une croix sur une liste de voies.

Les prétentieux et les super vedettes qui pensaient atterrir dans un gymnase en prennent plein la gueule. Rien n'énervait plus Hugues et Pierre que les obsédés de la performance sportive au détriment de la beauté de l'escalade. La démarche esthétique doit l'emporter sur la recherche de la difficulté.

Énervement équivalent pour les mecs indifférents aux autres qui grimpent dans leur coin. Ici, pas d'indifférence, on partage, on parle, on communique, on s'entraide. Celui qui vient tout seul, on lui propose systématiquement une place dans une cordée.

On se marre, on ne se prend pas au sérieux. On essaie de grimper le mieux possible mais on rit des échecs comme des réussites.

Et celui qui n'est pas content, il va, texto, se faire foutre.

Au bar de Claret, les carnets s'emplissent de dessins moqueurs. Livres d'or ouverts à tous, ils enregistrent inlassablement les péripéties et les prises de becs sur la falaise, édictent les normes de comportement et lynchent les grimpeurs réfractaires aux codes en place.

Pierre, dessinateur de talent et graphiste de profession, croque avec un humour caustique toute la vie de la falaise. La moquerie est omniprésente. Avec une bonne dose de second degré et d'autodérision, la lecture des carnets fracture l'ego pour rappeler que la vie est une simple farce.

L'accès à la falaise est barré du « *Mort aux cons !* ». Le premier carnet commence par l'inscription « *Mort aux cons !* ». C'est un leitmotiv, le cri de ralliement de la communauté. On est toujours le con d'un autre mais le slogan rassemble.

Car la falaise, c'est leur œuvre à Hugues, Pierre et Lulu. C'est chez eux. Ils ont donné leur temps, leur énergie, leur argent pour que l'escalade soit possible. Des centaines d'heures pendues dans le baudrier, les cuisses cisaillées par les sangles, la gueule recouverte de poussière, les mains martyrisées. Des centaines d'heures à faire tomber des blocs, à percer la roche, à coller des broches, à peindre des noms de voies, à aménager des murets, à couper la végétation au pied des voies. Quiconque vient grimper à Claret a une dette originelle qu'il lui faut rembourser. Et le premier paiement, c'est l'adhésion sans condition aux règles de conduite édictées par le trio fondateur.

Jamais une falaise n'aura suscité autant de controverses. Pas sur les voies (tout le monde les trouve magnifiques), ni sur son engagement mais sur la « bande » de Claret, les grimpeurs habitués et fédérés autour du trio Hugues, Lulu et Pierre.

Les uns trouvent l'ambiance incroyable et les autres considèrent qu'une bande d'abrutis s'est approprié la falaise. Ça s'écharpe tellement chez les escaladeurs pendant les premières années qu'une thèse en anthropologie a pris les protagonistes des Embruscalles comme sujet d'étude.

Eric Deleseleuc, ancien guide de haute montagne, passe à Claret par hasard pour grimper. Il restera quatre ans à analyser les interactions sociales au pied de la falaise et validera son doctorat avec cette grande fresque de l'escalade.

Dans son travail, l'anthropologue explore la violence symbolique qui imprègne les relations, le système de don contre-don qui structure la vie collective et cette volonté implicite de créer une communauté en marge des codes de la société moderne.

Car sans jamais l'avoir théorisé ni même formulé, Hugues, Lulu et Pierre portaient un projet bien réel : ne pas simplement reproduire les schémas de la société extérieure, mais inventer un espace communautaire authentique, à leur image.

Au printemps 1993, la falaise de Claret est devenue un nom qui circule bien au-delà des frontières. Conscients que sa notoriété attire des grimpeurs de toute l'Europe, Hugues, Pierre et Lulu décident de prendre les devants : publier eux-mêmes un topoguide pour protéger leur travail. L'ombre des profiteurs planent, des grimpeurs extérieurs qui pourraient s'en charger, s'appropriant ainsi une partie du travail du trio.

Par fierté et pour affirmer leur légitimité, ils accompagnent cette publication d'un article dans le magazine de référence *Vertical*, célébrant la beauté de Claret et le travail collectif qui l'a façonnée.

Ils auraient tellement aimé que cela reste entre eux, dans le véritable esprit de communauté et de convivialité qu'ils avaient initié.

Rien ne dure éternellement.

Partie II : Travailler ou grimper

« Bientôt la vie de bureau, monotone et absurde »
(L'infatigable Pierre Mazeaud)

Le temps défile, les mois passent et Lulu savoure. Lui, l'éternel amateur, a passé des années à jongler entre sa vie professionnelle et sa passion pour les falaises. Il n'a jamais connu ces semaines qui s'empilent dans une simplicité presque enchanteresse : grimper, déconner, boire un canon de rouge au bistrot. Rien de plus. Rien de moins.

Bien sûr, il a vécu les mois en expédition et les semaines au camp de base, ces moments où le temps se dilue dans la géographie des pics et des arêtes sans nom. Mais l'objectif du sommet écrasait les journées. Là, à Claret, il ne suffit que de vivre et profiter. Du soleil, des chênes verts, du rocher et des copains. Plonger dans le temps présent comme Lulu sait si bien le faire.

De toute façon, à part pour regarder les grands prix de Formule 1 ou écouter à tue-tête les opéras de Bizet ou la sixième de Beethoven — au grand désarroi de ses voisins —, se poser dans son canapé l'emmerde, la solitude l'emmerde, les vieux cons l'emmerdent. Alors là, entouré de jeunes dont le niveau en escalade l'impressionne, racontant des conneries, déconnant et rigolant, aimé, Lulu est heureux.

Il retrouve une part de la folie bienheureuse des fins de semaine à Fontainebleau et au Saussois qui rythmèrent sa vie pendant plus de trente ans.

6

Robert Paragot

Dans les années 1950, Fontainebleau est bien plus qu'un terrain d'entraînement pour les alpinistes parisiens. C'est un sanctuaire.

Le groupe d'alpinistes parisiens qui écume alors les blocs et les falaises proches de Paris a inscrit sa marque dans l'histoire alpine. Irrespectueux, doués, courageux et authentiques prolos pour la plupart, ils libèrent un grand nombre de problèmes sur les faces glacés des Alpes et des Dolomites.

Un groupe soudé à la saine émulation, passant leurs fins de semaine à Fontainebleau. Cuvier, Dame Jeanne, ils squattent les blocs mythiques de la grande forêt. Rares sont ceux qui ne voient dans ces heures de lutte acharnée qu'un entraînement pour l'alpinisme. La magie de la grimpe avec des amis suffit à combler le vide existentiel. Les soirées d'après grimpe sont dantesques, les lits sont faits de fougères sous des blocs surplombants. Une symbiose de l'amitié et de la nature.

Dans ce chaos de rochers, les amitiés naissent. Lulu rencontre Robert Paragot qui restera jusqu'à la fin son plus grand compagnon de cordée. Rarement le milieu alpin mentionne l'un sans l'autre quand il s'agit de réalisation en montagne. Une cordée mythique comme fut celle de Lachenal et Terray ou Georges et Sonia Livanos.

Pourtant, en apparence, tout les oppose. Robert le sage et Lulu le dingue.

Robert le fonctionnaire réparateur de machines à écrire à la Sécurité sociale. Il restera toute sa vie dans cette institution. Tout comme avec sa femme Françoise qui a toujours préféré la mer. Ce qui, m'a-t-elle confié, était un avantage pour lui foutre une paix royale...

Robert qui, année après année, a gravi les échelons des instances montagnardes. Président du Groupe de haute montagne, président du groupe Himalaya, président de la Fédération française de montagne et d'escalade.

Mais il ne faut pas se fier aux apparences ni aux surnoms trop vite attribués. Lulu était loin d'être un dingue et Robert était un faux calme.

Les excès à Fontainebleau, tous les deux les ont connus. Lucien, s'il faisait le con sur les blocs de Fontainebleau, n'a jamais été avare de précaution en montagne, pitonnant à faire « *tenir les vaches* » selon Robert. Et tous les deux sont toujours redescendus vivants et sont morts dans leur lit.

En 1952, ils se sont bien aperçus à Chamonix — Robert dans la Walker des Grandes Jorasses discernait le réchaud de Lucien dans la première de la face ouest des Drus —, mais Fontainebleau et le Saussois scelleront leur amitié quelques mois plus tard.

Rien d'explicable. Une communication instinctive, une attention totale aux gestes et besoins de l'autre, une confiance absolue, des projets ambitieux, l'amour de l'intensité et le même esprit de compétition pour arriver au sommet. La même façon aussi de se marrer, de briser les codes, de se lancer dans l'escalade libre quand la plupart ne juraient que par l'escalade artificielle.

Le plaisir de la vanne aussi. De l'injure facile entre eux. Mais sans coup de gueule, sans jamais se prendre au sérieux. Quiconque les a vu grimper ensemble se rappelle de ces moments où ils se charriaient et s'injuriaient à chaque mouvement. L'insulte comme signe suprême de l'amitié. Cela arrive plus souvent qu'on ne le croit.

7

Pierre Mazeaud

À Fontainebleau, Lulu forge aussi une autre amitié inoubliable : celle avec Pierre Mazeaud. Si Lulu est une légende de l'alpinisme, Mazeaud est une institution à lui seul, l'homme infatigable qui bouffe la vie et ne semble jamais dormir.

Sa carrière politique est magistrale : secrétaire d'État sous Pompidou puis Giscard, maire pendant dix ans, élu député à cinq reprises, président de la commission des lois de l'Assemblée Nationale… Il deviendra finalement président du Conseil constitutionnel, le cinquième personnage de l'État.

Son parcours d'alpiniste est tout aussi impressionnant. Sa consécration fut bien sûr l'ascension de l'Everest en 1978. Premier français au sommet du toit du monde, cela pose une réputation !

Mais ne conserver que cette victoire serait horriblement réducteur. Ce serait faire fi de toutes les répétitions et les premières qu'il ouvrit dans le massif du Mont Blanc et les Dolomites, des années passées avec pour compagnon de cordée Demaison, Bonatti, Kolhman et autres, des multiples expéditions qu'il conduisit dans l'Himalaya, de son obsession pour les Gasherbrum…

Bref, une grande gueule sans filtre capable de s'engueuler avec un président de la République tout en affrontant la dureté de la montagne, un ami fidèle, indéfectible, un caractère exécrable mais un cœur d'or pour ceux qu'il aime.

Et ils s'aimaient avec Lulu. Deux vrais copains. Pierre le considérait comme un frère et la réciproque était vraie. Même philosophie de vie, même joie, même sens de l'amitié.

Et comme toujours, tout commença à Fontainebleau. À la fin des années quarante, Pierre s'intègre en douceur, observe les légendes de l'époque évoluer sur les blocs, opère des tentatives discrètes sur leurs voies. Et puis, au fil des fins de semaine, Lulu qui vient, qui observe, qui conseille sur la meilleure manière de passer.

Leur condition physique et mentale les rapproche et Pierre gagne sa place dans le milieu : boire beaucoup, grimper autant. L'hygiène sportive n'existe pas. La période de l'alpinisme la clope au bec, de l'alcool, des fêtes et des filles règne en maître.

L'alpinisme des grandes gueules aussi.

Et dans tous ces domaines, Pierre Mazeaud et Lucien Bérardini étaient des maîtres incontestés. Ils emplissent le Saussois de leur rage de profiter de la vie, retournent le Café des Roches des Moreau en se retournant eux-mêmes la tête, se filent des tartes pour déconner et repartent grimper le matin sans rien paraître.

Saisir l'esprit de l'époque est tout aussi difficile que de faire exister Lulu à travers ces lignes. Quiconque l'a connu sait qu'il n'est pas descriptible. La gouaille, le sourire, l'ironie toujours mordante, toujours à l'affût d'une connerie à dire ou à faire, la vibration qu'il traînait dans son sillage, son intelligence instinctive, sa présence qui s'imposait naturellement à tous ceux qui se trouvaient autour de lui, Lulu se vivait et personne n'est ressortie identique d'une rencontre avec lui.

Ces fins de semaines à Fontainebleau ou au Saussois donnent le sel à leur vie. Les week-ends prolongés et les vacances en montagne apportent les épices qui trompent l'ennui.

Dans leurs vies étriquées, étouffantes de convention sociale, à l'horizon barré par les immeubles et les poubelles, par les costards cravates et les petits chefs hargneux, la montagne est leur sauveur.

Tant qu'il y aura des falaises à gravir, des pitons à planter, du vent à se prendre dans la gueule, un bout d'herbe grasse ou une vire caillouteuse pour se poser le cul, ils ne seront pas tout à fait foutus.

Tant qu'il y aura des copains pour partager les coups d'éclat et les éclats de rire, le froid et la soif, pour se serrer l'un contre l'autre et sentir comme l'amitié tient chaud, la vie aura un sens.

Là-haut, le soleil continue de briller, la pluie de tomber, le choucas de voleter et l'edelweiss de pousser. Les hommes continuent de rire et de pleurer, de lutter contre la pesanteur et les hasards de la nature. Ils ont peur de crever et savourent le rayon de soleil qui réchauffe les corps et inonde le cœur de la simple joie d'être toujours vivant.

Ils ne deviendront pas des professionnels de la montagne. Pourtant, nombreux sont les copains à avoir franchi le pas et s'être installés à Chamonix. Les frères Lesueur, Edmond Denis et les autres amènent leurs clients au Mont Blanc ou à la petite aiguille Verte, descendent la Vallée Blanche des dizaines de fois par an. Pas beaucoup de sous au final mais le rocher et la glace comme bureau.

Pas eux. La passion restera la passion. Robert Paragot reconnaissait un manque de témérité pour changer de vie. Pierre Mazeaud avait trop d'énergie, avec trop d'ambition dans trop de domaines pour se contenter d'une seule vie.

Mais Lulu ? L'ouvrier, autoqualifié de grimpeur prolo par provocation, ne voulait tirer aucun bénéfice de sa pratique. Il faisait de la montagne par joie et par plaisir : « *Montagnard toujours, guide jamais* » constituait son credo. Dit autrement : ne pas s'emmerder dans le bonheur d'être en montagne.

8

Scalata est née

Hugues, lui, veut vivre de sa passion. Le RMI a ses limites, la solidarité familiale aussi. Et puis, surtout, il aime transmettre.

Il entreprend de passer le Brevet d'État d'escalade, sésame pour encadrer professionnellement. Aucun souci pour le probatoire, cette épreuve technique qui vise à vérifier qu'un mec qui veut enseigner aux autres sait de quoi il parle.

Il franchit toutes les étapes sans problème. Mais, à la bien nommée « *Unité de formation équipement* », il se fait recaler. Tout le groupe de Claret est mort de rire devant cette sanction. Nous sommes au premier trimestre 1993. Hugues a déjà équipé une centaine de voies, toutes reconnues par la communauté comme divinement bien équipés. Son tort ? Ouvrir sa gueule pour pointer des incohérences dans le discours des formateurs. Il repassera l'examen en la fermant. Parfois, on apprend vite.

Fraîchement diplômé, il peut enfin créer l'école d'escalade Scalata. Lulu en prend naturellement la présidence.

La logique est simple : mettre un terme au bénévolat qui règne encore majoritairement dans les associations et créer de vrais emplois pour faire grimper les gamins. Le succès est rapide. Plus de cent dix enfants prennent des cours. Scalata devient l'une des plus importantes écoles d'escalade de France à cette époque.

La logique de gagner sa vie n'occulte pas la passion de Hugues pour transmettre. Un jour, il croise un copain à moi qui débute sur la falaise de Saint Bauzille de Montmel. Il lui lance :

— Te fais pas chier dans ces voies patinées, viens grimper à Claret !

Mon pote s'y rend. Même les voies faciles sont trop dures pour lui. Pas de soucis. Hugues passe, le conseille et finit, en basket, par lui monter la corde. On est loin du grimpeur élitiste qui regarde les débutants de haut. Hugues aimait aller voir les gens, les aider, offrir son temps, être disponible.

Au sein de l'école d'escalade, sa personnalité magnétise les adolescents. C'est Bob Marley qui aurait grimpé plutôt que de jouer au foot. C'est la cool attitude sans besoin de fumer des pétards. C'est le mec en dehors de toutes les normes, le rebelle. Celui qui ramène les gosses dans le minibus de l'association, grillant le seul et unique feu rouge du petit village de Saint-Mathieu-de-Tréviers, du reggae dans l'habitacle, du rire à la bouche, du sourire dans les yeux.

9

Lulu et l'image

Indirectement, Lucien a quand même gagné de l'argent grâce à sa passion. En 1970, tout ce qui pouvait être conquis l'a été. La course au sommet devient obsolète et s'ouvre le temps des voies nouvelles, toujours plus longues, plus dures, plus engagées. Lucien Devies, grand patron inamovible de l'alpinisme et des expéditions lointaines, veut le pilier ouest du Makalu, un monstre de difficultés techniques pour atteindre le sommet à 8 481 mètres.

Plutôt que le talentueux mais ingérable René Desmaison, le boss choisit le plus consensuel René Paragot pour conduire l'expédition. Évidemment, Robert propose à son ami Lucien de partir avec lui.

À cette époque, Lulu est encore dessinateur industriel. Une expédition dans l'Himalaya dure un peu plus longtemps qu'une fin de semaine à Chamonix. Il a besoin de trois mois de congé minimum pour partir. Son employeur refuse. Lulu tranche en vitesse entre son travail et l'aventure. Il démissionne.

Le 16 février 1971, Lulu, passionné par l'image, s'envole pour Katmandou en emportant sa caméra.

Il filmera toute la démesure de l'expédition, énormité courante à l'époque : quatorze tonnes de matériel, onze kilomètres de cordes, 540 pitons, 350 mousquetons. Et 460 porteurs et 18 sherpas pour amener tout cela. Pendant trois mois, il capte la lutte des hommes contre le froid, les difficultés techniques, les tempêtes qui ravagent les camps. Et surtout le vent, incessant, violent, soufflant à plus de 150 km/h, surgelant les hommes et les empêchant de progresser.

Yannick Seigneur force les passages impossibles, les longs surplombs à plus de 7 700 mètres et équipe l'immense ressaut rocheux de cordes fixes. Il parvient au sommet avec Bernard Mellet le 23 mai. Ce seront les seuls.

Lulu a consolidé le camp V pendant que ses copains lançaient l'assaut final. Une journée devait être nécessaire mais l'épaisseur de glace à creuser était trop importante. Le travail se poursuivra le jour suivant, scellant son sort.

Devant la caméra, sur le chemin de descente au camp de base, il avouera sans pudeur :

— Quand tu regardes à travers la toile d'une tente, t'as l'impression que le ciel est bleu. Et puis quand j'ai ouvert, j'ai vu qu'il neigeait. Alors je me suis mis à chialer comme un gosse. Je viens d'avoir 40 ans et c'est ma dernière grosse expédition. Je crois que c'est l'une des plus grosses déceptions de ma vie.

Quand il revient début juin 1971, il n'a plus de travail mais possède des centaines de vidéos, un magnifique trésor documentaire sur l'expédition. La fédération de la montagne est intéressée. Lulu n'a rien à faire, il s'attaque au montage, payé par les instances alpines.

Dans la tendance des documentaires de l'époque, le ton est docte et martial, un peu viril façon « *des mecs qui s'attaquent à un truc balèze* ». Il relate les vingt-cinq jours de marche pour atteindre le camp de base, à des années-lumière des transports héliportés d'aujourd'hui.

Une partie étonne et détonne au XXIe siècle. Après que 300 porteurs les abandonnent pour franchir un col trop difficile d'accès en cette saison, Lucien commente : « *Très vite au-dessus de la forêt nous trouvons la neige. Quatorze jours sont nécessaires pour franchir le col. Quatorze jours dans des conditions épouvantables, sur des crêtes entre 3 000 et 4 000 mètres d'altitude, nos 160 porteurs, hommes, femmes et même enfants, souvent pieds nus dans la neige, bivouaquant le soir sur leur charge simplement recouverts d'une mince toile de nylon, feront des allers-retours pour transporter nos 460 charges* ».

Froidement, il décrit ainsi les conditions indignes de vie et de travail des porteurs. Il compatit avec ces enfants obligés de transporter de lourdes charges pieds nus dans la neige. Mais c'est comme ça. Comme si faire travailler les enfants dans cette partie du monde constituait une normalité, un état de fait qu'il faut juste accepter. Il loue leur courage et leur ténacité. Jamais il ne remet en cause cette exploitation contraire désormais à toutes les règles du droit. Et moralement difficile à justifier. Choc des époques et des mentalités.

En 1965, Lulu avait déjà monté un film à la gloire des expéditions françaises en Himalaya. À ses côtés, le jeune Jean-Marie Perthuis qui deviendra célèbre comme coproducteur de l'émission « *Perdu de vue* » avec Jacques Pradel dans les années 1990. Là encore, le ton était martial et d'un lyrisme viril. Télescopage des époques à nouveau.

En 1979, Lucien participera à l'ultime expédition nationale, le dernier soubresaut de la volonté politique de conquérir les montagnes pour la gloire de la patrie. L'objectif visé est le K2, deuxième sommet du monde, planté dans une zone reculée du Pakistan.

L'année précédente, l'expédition conduite par Pierre Mazeaud a atteint l'Everest. Les Français ont foulé le toit du monde vingt-cinq ans après les Anglais et les Népalais. Et après les Suisses, les Chinois, les Japonais, les Américains...

Pour le K2, ce sont les Italiens qui se sont adjugé la première le 31 juillet 1954. Il faut attendre 1977 pour que le sommet, qui se passe très bien de la présence des hommes, voit des Japonais le fouler à nouveau. Les Américains terrassent le monstre l'année suivante. La France ne veut pas être à la traîne. Ambitieuse, l'expédition vise une arête inviolée surnommée la Magic Line.

Lulu a 49 ans, beaucoup trop vieux pour rejoindre le noyau dur des alpinistes qui mèneront l'assaut. La caméra assurera sa place au Pakistan. Le réalisateur Jacquie Ertaud est chargé de documenter l'expédition. Lulu devient ainsi preneur de son, son ami Robert assurant la coordination de l'équipe. L'essentiel est de partir et de passer du temps en montagne avec des amis !

Malgré les 22 tonnes de matériel emportées et les 1 400 porteurs mobilisés, personne n'atteindra le sommet. L'expédition échoue à 8 460 mètres, deux cents mètres en dessous du triomphe. La mousson s'est transformée en juge de paix et a mis un terme aux mois d'expédition. Mais il reste un moment magique, celui de l'envol de Jean-Marc Boivin en deltaplane à plus de 7 600 mètres d'altitude. À défaut du sommet, les Français reviennent avec une première mondiale sous l'œil des caméras.

Toujours partant pour une nouvelle expérience, Lulu s'aventurera en 1982 dans une première et unique aventure cinématographique. Les producteurs du Ruffian cherchent quelqu'un pour doubler Lino Ventura sur la Tour Eiffel. Ils contactent la Fédération française de la montagne. Lulu s'impose comme une évidence : même taille, même carrure, même allure que Ventura. Il jouera ainsi une petite scène dans laquelle l'acteur sauve un homme du suicide.

Cet homme sauvé, c'est Bernard Giraudeau, acteur vagabond, écrivain mélancolique, angoissé permanent de passer à côté de sa vie et habité par une inaptitude certaine au bonheur. Lulu et lui deviendront amis. Peut-être grâce à la connexion de la même rage de vivre, celle qui oblitère l'idée de ne faire les choses qu'à moitié. Amitié de deux mecs entiers qui partage la même crainte de la mort tout en multipliant les chances de l'atteindre rapidement.

Partie III : la montagne

La première fois que la montagne l'a sauvé, la deuxième guerre mondiale s'achevait. Lulu a quinze ans et passe son temps dehors. Paris est libéré, lui aussi. Après une enfance cloîtrée dans un internat jésuite et des années d'occupation allemande, il savoure son indépendance.

Il traîne dehors. Et plutôt que d'errer tout seul, il sympathise avec tous les voyous du Trocadéro. Un trafic simple se met en place avec les soldats américains installés à côté de la Tour Eiffel. Les GI veulent du cognac et sont prêts à le payer. Lulu et ses potes écument les boutiques et leur en fournissent. Ils le volent bien sûr. Rien n'est plus rentable que la revente de marchandises volées.

Et vu que le camp regorge de matériel, ils n'ont qu'à se servir discrètement pour le revendre après.

Trafic lucratif mais risqué. Lulu finit devant le tribunal pour enfant. Un de ses complices part en maison de redressement jusqu'à sa majorité. Lui s'en sort mais sait désormais qu'il est dans le collimateur de la police et de la justice.

Est-ce parce qu'il est jugé trop chétif par sa mère ou pour l'extraire du bourbier dans lequel il pourrait s'enliser que Lulu est envoyé à Samoens ? Mystère. Mais, là, dans ce petit bourg situé à une vallée de Chamonix, il ne retrouvera pas forcément la santé ni la sagesse, il trouvera une passion. La montagne est partout. Austère, magnifique, majestueuse et aussitôt, il sait. Sa vie sera dédiée à escalader ces parois magiques.

10

La cordée, l'amitié

*« Il ne s'agit pas de vaincre ou mourir
mais bien de réussir et de vivre »*

(Lucien Devies, sur la cordée Paragot-Bérardini)

En 1953, après une année de connivence, d'émulation et de fêtes à Fontainebleau, Robert Paragot et Lucien enfourchent leur scooter et taillent la route jusqu'à Chamonix. Une belle épopée avec les kilos de cordes et de quincaillerie sur le porte-bagage !

Jamais les deux n'ont partagé d'ascensions en montagne. Pour leur première voie ensemble, les Parigots veulent prendre le dessus sur une voie mythique, la face est du Grand Capucin. Seul le grand Walter Bonatti a trouvé un chemin dans ce rocher compact et depuis, personne n'a réussi à le suivre.

Enfin, si. Des guides Italiens qui revendiquèrent la seconde ascension sans jamais l'avoir réussi. La soif de gloire et les mensonges n'épargnent pas les alpinistes.

Robert et Lulu passent trois jours dans la face. Nuits à moitié debout, les pieds dans les étriers, les gourdes vides et la soif qui brûle la bouche, un peu de neige qui tombe du ciel, le froid, la fatigue, un coup de gnôle parce que c'est tout ce qui reste dans le sac.

Le moral qui vacille mais pas le cœur. Car c'est bien là, dans ces jours perdus en falaise, que les deux se sentent le plus vivants.

Le sujet a maintes fois été traité. C'est en flirtant avec la mort que l'homme sent la vie battre en lui, pleinement conscient de la beauté et de la précarité de l'existence. La morsure du froid procure à la chaleur des vertus magiques. La première gorgée d'eau après avoir crevé de soif, la nuit dans un lit après des jours sur le caillou, la sécurité d'une maison solide après des nuits de bivouac exposé aux chutes de pierres et aux avalanches... Le bonheur par simple contraste en quelque sorte.

Ce serait aller un peu trop vite en besogne. On peut être heureux en se prenant des rafales de vent dans la gueule, en puisant dans des ressources insoupçonnées pour franchir un passage pourri, en savourant la sobriété de la vie en montagne. En montagne, on en chie. Rien de masochiste, ce n'est pas du plaisir, fugace et superficiel. Mais c'est du bonheur. Celui de ressentir la vie dans la diversité des états du monde, au plus profond de soi.

Comme si les alpinistes avaient réussi un tour de force philosophique et spirituel. Des stoïques aux bouddhistes, en passant par Sartre, Nietzsche et les autres, tous posent la souffrance comme une réalité inévitable de la vie. Et proposent, dans la vertu, le détachement, la confrontation ou une opportunité de croissance, une manière de la gérer.

Les alpinistes l'intègrent tout simplement comme constituant inamovible de leur quête du bonheur.

Soyons honnêtes : tout cela, c'est du blabla théorique.

Car Lulu est animé par une autre chose de fantastiquement simple : être en montagne avec un ami. Il ne s'agit pas d'en chier pour en chier mais simplement de partager une passion avec bonheur. « *Quand cela ne nous passionne plus, nous laissons tomber* », a résumé Robert.

Week-ends ensemble sur les parois proches de Paris, vacances ensemble à Chamonix ou dans les Dolomites, expéditions ensemble en Amérique du Sud ou dans l'Himalaya, les deux partagèrent des milliers d'heures riches.

Pendant cinquante ans, ils grimpèrent tous les deux, se soutinrent, partagèrent le froid, la faim, la soif, la peur de mourir mais aussi le bonheur simple d'être posé le cul sur une vire à cinq cents mètres du sol, quand le soleil brille et que le calme des falaises envahi l'espace, la joie éblouissante de sortir au sommet et la débauche de fêter la victoire dans un refuge ou un bistrot.

Jamais Lulu n'a fait d'ascensions en solo. L'idée ne l'a pas effleuré. Sans les amis, la montagne perd de sa saveur. L'amitié est le moteur des ascensions, la raison même de se confronter aux montagnes. « *On pleure plus facilement ici qu'ailleurs. On ne sait pas pourquoi. C'est comme ça. Le sens de l'amitié total* », avouait Robert Paragot devant la caméra de Lulu au Makalu.

Grimper tout seul a été une épreuve dans la reconstruction de Lulu à Montpellier. Et la rencontre avec Hugues, le retour du sens par la grâce de l'amitié entière et indestructible.

En 1974, Bérardini et Paragot sortent un livre écrit à deux mains, *20 ans de cordée*. Robert a réussi à convaincre Lucien de participer. Lucien l'a fait pour faire plaisir à son ami mais n'en a un peu rien à foutre. Laisser une trace, écrire sa légende, passer à la postérité, tout ça le gonfle. La fierté de ses exploits, il l'a en lui. Ce qui l'intéresse, c'est rire, déconner, prendre du plaisir, grimper, picoler, draguer, séduire. Se marrer quoi.

Toute sa vie, Lulu répétera en permanence qu'il se méfie des vieux cons qui racontent des histoires – j'espère que son fantôme ne m'en voudra pas trop de raconter un bout de la sienne. Car l'avenir est dans le moment présent, pas dans le passé.

Avec Pierre Mazeaud, Lucien a trouvé un frère de caractère. Ils partagent la même rage de vivre et la même vitalité, le même sens de l'excès aussi.

Mazeaud qualifie son caractère d'odieux, pas Lulu. Mais tous ceux qui ont réceptionné ses anathèmes savent que rien n'était lisse avec Lucien. Dans les années 1950, les Chamoniards se souviennent de son cul qu'il montrait par la fenêtre de l'Hôtel de Paris et les Gallois de ses poings quand il avait bu un coup de trop.

Dans les années 1970, Maurice Herzog, devenu maire de Chamonix, aurait bien aimé les virer les deux de sa commune. Foutre le bordel, baiser les filles, partir en montagne : un joli programme qui ne plaisait pas à l'élu.

Leur folle équipée du mois d'août 1959 peut constituer un résumé crédible de cinq décennies de liens fraternels.

Pierre Mazeaud étouffe à Paris. Vendredi soir 21 heures Dans la Simca deux places décapotables, il s'embarque avec Philippe Laffont dit Pipo et Lulu, coincé à l'arrière sous les sacs. Nuit de conduite sans sommeil. Tour des bars à Chamonix pour prendre des nouvelles de la montagne, des dernières ascensions, des conditions des faces.

Ils croisent Guido Magnone et décident de partir faire la voie Contamine à l'aiguille du Peigne le lendemain. Mais les jolies filles sont là, le whisky aussi. À cinq heures du matin, ivres morts, ils préparent les sacs pour partir. Ils oublieront tout et quand Magnone, frais et dispo, les voit arriver en titubant au téléphérique de l'aiguille du Midi, il prend peur.

Les trois ne lâchent rien, persuadés du pouvoir de l'air frais pour les remettre d'aplomb. Ils remontent le glacier en trébuchant, vomissent, toussent, crachent, ahanent sous les paquets de clopes et les cigares de la soirée, cherchent leurs appuis à tâtons tant leur vue est brouillée.

La voie est difficile, l'engagement sérieux : ils ont oublié la plupart du matériel et s'assurent à peine. À maintes reprises, Guido tente de les dissuader et de redescendre. Peine perdue. Les forces en œuvre sont trop importantes : boire beaucoup, grimper autant, vivre sans limite tout simplement.

Miracle ou compétences hors normes, ils sortent au sommet vivants, montent dans la dernière benne du téléphérique, redescendent à Chamonix et s'empressent de rejoindre la boîte de l'Hôtel de Paris pour fêter ça. Alcool, bonne bouffe, danse sur la piste. L'énergie vitale les brûle de l'intérieur.

À minuit, ils s'engouffrent tous les trois dans la Simca deux places et attaquent la route pour revenir à Paris. Pipo conduit, les deux autres braillent des chansons paillardes. À neuf heures du matin, Pierre Mazeaud est à son cabinet de conseil en sociétés. Trois jours qu'il n'a pas dormi, qu'il boit, danse et grimpe. Il s'écroule sur les fusions et acquisitions posées sur sa table de travail.

11

1993 : LA WALKER

« C'est un peu l'histoire d'un type qui aurait fait une journée de dériveur et s'embarquerait pour sa première sortie dans la traversée de l'Atlantique »

(Fred Vimal, amoureux de l'alpinisme engagé, décédé à 24 ans au Grand Capucin)

Lulu possède la faconde et la verve des conteurs. La montagne est le sel de sa vie, sa pierre philosophale, sa métamorphose de l'ennui existentiel en plaisir de se sentir simplement vivre. « *Lulu m'a parlé avec tant de bonheur de la montagne* », résumera laconiquement Hugues pour expliquer son envie « *d'aller voir là-haut* ».

À l'été 1992, tous les deux partent dans le jardin de l'alpinisme français, Chamonix et le massif du Mont Blanc. Deux voies rocheuses sont avalées à l'Envers des Aiguilles en guise de découverte du milieu.

Puis le Mont Blanc. Histoire d'essayer les crampons. Ils commencent très tôt, passent par les trois Monts et pensent arriver au sommet avant la foule. Las, le Mont Blanc est décidément trop fréquenté, quelqu'un est déjà au sommet.

À la descente, Hugues annonce à Lulu qu'il faut qu'ils fassent des trucs plus durs.

Lulu tente de le raisonner à sa manière :

— Je ne suis plus tout jeune et toi, tu n'y comprends rien.

Télescopage du montagnard expérimenté qui essaie d'expliquer qu'il faut y aller par étapes et du jeune fougueux qui, justement, n'aime pas les étapes. C'est de famille. Il faut aller vite, toujours mettre la barre plus haut.

Lulu comprend qu'il ne pourra ni ralentir, ni arrêter ce train lancé à toute allure. Alors il essaie de l'accompagner du mieux possible.

Ils partent faire la voie Anouk aux Petites Jorasses. Un sacré morceau mais avec une vue directe sur l'éperon Walker, dans la mythique face Nord des Grandes Jorasses. Si cet immense contrefort rocheux a été vaincu par Ricardo Cassin, Luigi Esposito et Ugo Tizzoni en 1938, la première à la journée, c'est Lucien Bérardini qui l'a réalisée en 1952, six jours après avoir vaincu en pionnier la face ouest des Drus. Ce qui permet de comprendre pourquoi son appellation de force de la nature n'est pas galvaudée et qu'il n'a pas acquis sa renommée en restant le cul sur son canapé.

— Quand j'ai vu la face nord des Jorasses, j'ai eu le coup de foudre. Je me suis dit qu'il fallait que j'aille dedans, racontera Hugues aux journalistes après son ascension.

Mais ce sera pour plus tard. En mauvaise condition cet été-là, l'éperon vomit des blocs de rochers. Au mauvais endroit, au mauvais moment, deux Anglais se font écraser.

Alors Lulu joue le sage :

— Vaut mieux y aller cet hiver.

Prudence ou prétexte pour que le jeune rasta gagne un peu en maturité montagnarde ? À quelques proches grimpeurs de la communauté grimpante de Claret, Lulu avait confié être embêté et un peu inquiet. Il aurait préféré qu'Hugues se forge plus d'expériences avant d'affronter la Walker.

Interviewé après l'ascension, il avouera :

— Je ne voulais pas qu'il aille là-dedans mais il n'a pas voulu m'écouter. J'ai bien demandé à un autre jeune de le convaincre mais au lieu de le dissuader, il lui a prêté du matériel.

Le jeune, c'est Fred Vimal, étoile montante de l'alpinisme. L'année précédente, il a fait équipe avec l'un des meilleurs alpinistes du monde, Patrick Berhault. À eux deux, ils ont expédié la super intégrale de Peuterey en une journée. C'est presque lassant la manière dont les gens doués enchaînent les exploits.

Effectivement, Fred ne le dissuade pas. Il lui prête un bout de corde, des petits skis et lui explique la voie. Hugues photocopie un vieux topo de l'Ensa et monte au refuge de Leschaux avec Lulu. Un type sympa lui file une radio. Au cas où.

Le vendredi 5 février 1993, le rasta décolle. Aucune volonté d'exploit en solitaire. Il voulait aller dans cette voie, Lulu était trop vieux pour l'accompagner, personne ne s'est présentée pour se joindre à lui. « *Bah, c'est pas grave, j'irai seul.* » Et hop, voilà comment se réalisent les exploits.

Il part léger, très léger même. À croire qu'il va faire une voie dans la face nord du Pic Saint Loup, l'Everest des Montpellierains. Quatre pitons, quatre coinceurs et quatre friends - des coinceurs spéciaux qui peuvent s'adapter à la taille des fissures. Pas de duvet, un simple sursac et une couverture de survie. Un petit réchaud pour faire fondre la neige. Pour manger : deux barres énergétiques, un tube de Nestlé et un paquet de Figolu. Même pour une journée de rando facile, je prends plus de nourriture…

Hugues suit les traces qui filent loin du refuge. Ça le fatigue : il ne sait pas skier. Il passe la rimaye en ayant peur de tomber dans un trou, trouve enfin le rocher et commence à grimper. Il s'auto-assure essentiellement dans les dièdres, le reste en solo intégral pour gagner du temps et ne pas perdre d'énergie à déséquiper.

Le premier bivouac est plutôt confortable. Il continue sans se poser trop de questions. Il trouve les longueurs difficiles et passe du temps à chercher la voie. Il pense à Fred Vimal. À seulement 17 ans, le jeune prodige avait grimpé la voie en solo en moins de cinq heures. Il pense à ses potes qui lui avaient dit *« tu vas courir là-dedans, c'est du V sup »*. Une cotation d'une difficulté très, mais vraiment très en dessous de son niveau en falaise. Hélas le calcaire languedocien et le granit chamoniard des Jorasses ne se comparent pas.

— Je suis parti dedans comme si j'allais faire une voie dure à Claret. Mais j'avoue que je ne pensais pas que ce serait si dur. Sincèrement, je croyais que tout le monde faisait ça, avouera-t-il à son retour.

Quand il se pose pour son deuxième bivouac, le vent arrache le sursac sur lequel il allait s'asseoir. Il n'a plus de gaz et commence à sucer la glace. C'est dégueulasse. Il n'a plus rien à bouffer, il se caille et ça devient beaucoup moins drôle. Il attend le jour avec impatience, reste en mouvement pour ne pas geler.

Il repart dans la nuit, pensant être bientôt sorti au vu des longueurs qu'il a pointé sur sa photocopie du topo.

— Quand le jour s'est levé, j'ai retrouvé dans une poche la deuxième feuille du topo. Je ne m'en souvenais plus : c'était la suite de la voie alors que je croyais en avoir terminé avec la première feuille.

Au soleil du sud, il se marrera en racontant l'anecdote aux copains. Sur le moment, il prend un sacré coup au moral. Mais, pas le choix, il grimpe et grimpe encore.

Arrive la troisième nuit. Il avait tablé sur deux jours. Il angoisse. Les prévisions météorologiques annonçaient une dégradation à partir de ce moment. Pas d'erreur, la neige commence à tomber. Il essaie d'appeler les secours, personne ne répond. Il pense que sa radio est en panne. Il ne sait simplement pas s'en servir.

Pour éviter de mourir connement gelé, il escalade et désescalade la même longueur inlassablement, toute la nuit. Résultat, son genou fragile enfle, double de volume. Il ne peut plus plier la jambe gauche. Aucun retour possible, il le savait avant de partir. Il le sait d'autant plus maintenant qu'il se confronte à la mort. Il lui reste deux cents mètres pour sortir au sommet.

Le matin, il est gelé. Lentement, avec l'acharnement du mec qui veut simplement continuer de vivre, il arrache chaque mètre de rocher dans la douleur. Il entend des hélicoptères. Les secours, il est sauvé. Hugues contemple les hélicos qui apparaissent et disparaissent dans le brouillard huit cents mètres plus bas. Il constate amer :

— Merde, ils volent trop bas pour me voir.

Mais les hélicos ne sont pas là pour lui. Il ne le sait pas encore mais, sur ce même pilier, dans la même voie, Catherine Destivelle grimpe. Et la télévision la filme pour immortaliser cette première ascension hivernale féminine en solitaire, ignorant tout de l'exploit que le jeune Rasta accomplit au même moment.

À 15 h 30, complètement épuisé, il atteint le sommet. Il est le troisième alpiniste à vaincre en solitaire et en hiver cette voie mythique. Pour amorcer la descente, il suit les traces d'une cordée britannique sortie quelques jours avant lui.

L'avertissement de Lulu tourne dans sa tête : « *Reste très vigilant dans ce genre d'endroit* ». Il essaie tant bien que mal. Mais quand la nuit tombe, il s'aperçoit qu'il a paumé sa frontale. Il loupe le refuge sur le versant italien et, dans la nuit noire, remonte une barre rocheuse à l'arrache pour trouver un toit. La force physique, la rage de vivre, encore et toujours.

Dans l'abri, il met la main sur une bougie et s'en sert pour faire fondre de la neige. Boire, enfin ! Une boîte d'Ovomaltine a été abandonnée, il se jette dessus. Deux jours qu'il n'a pas mangé : « *Je n'ai jamais autant apprécié ce truc* ».

Le lendemain, il ne peut plus enfiler ses chaussures à cause des gelures. Le phénomène est bien connu des montagnards : si tu sens que tu as les pieds qui commencent à geler, n'enlève pas tes chaussures car avec le gonflement, tu ne pourras jamais les remettre.

Miracle, sa radio fonctionne enfin. Les secours italiens le descendent en hélicoptère et le posent à l'entrée du tunnel du Mont Blanc. Lulu l'attend, tout à la fois furieux et fier. Et l'amène directement à l'hôpital de Chamonix soigner ses gelures, sa déshydratation, son corps épuisé.

Sur son lit de convalescence, Hugues reçoit la visite de quelques journalistes. La presse alpine relaie largement son aventure mais l'exploit de Catherine Destivelle accapare les médias grand public. Même voie, même engagement, différence de traitement. Plus tard, la célèbre et très médiatique alpiniste constatera sa chance d'être une femme dans ce genre de situation :

— Hugues méritait tout autant que moi les égards de la presse, mais c'était malheureusement un garçon et personne, en dehors du milieu des grimpeurs, ne le connaissait : il n'eut droit qu'à quelques lignes par-ci, par-là. C'était injuste. Cette fois encore, je pris conscience de l'avantage d'être une fille.

Les honneurs de la presse, Hugues s'en fout. Sa démarche lui appartient, la prise de risque aussi.

Mais dans la presse spécialisée comme dans le petit milieu des alpinistes, l'hésitation est grande entre reconnaissance d'un exploit et jugement négatif sur cet inconscient. Une chose sur laquelle tout le monde est d'accord : quel que soit l'angle que l'on prenne, commencer par une hivernale en solitaire dans une course que beaucoup d'alpinistes voient, en été, comme la consécration d'années de pratique, est complètement fou.

Certains journalistes sont sous le charme de son audace. Jean-Marc Porte, dans Montagnes Magazine, s'interroge : « *Destivelle-Beauzille aux Jorasses. Des deux, qui a fait la plus folle des expériences ? Qui a approché le plus la dimension idéale de l'exploit ?* »

Et de noter que ce télescopage pose de belles questions à l'alpinisme : « *S'il y avait eu un pépin, Catherine aurait eu les hommages et Hugues l'opprobre.* »

Pas besoin de pépin pour recevoir l'opprobre. Beaucoup le prennent simplement pour un fou, un mec qui a eu une chance incroyable d'en sortir vivant, un exemple à ne surtout pas suivre. Mais Hugues n'a jamais demandé à devenir un exemple. Et mobiliser uniquement la chance pour expliquer son exploit serait faire l'impasse sur toutes ses heures d'entraînements, les multiples sessions d'escalade en Koflach jaune – ces grosses godasses rigides d'alpinisme - sur le calcaire de Claret, les innombrables tours de piste au stade Phillipidès.

Ce serait aussi et surtout oublier l'essentiel : l'aventure. Ni lui, ni Lulu ne veulent d'une vie peinarde. L'existence est sans saveur quand tout est maîtrisé, planifié, sécurisé. L'aléatoire apporte les épices. L'intensité de l'incertitude donne la saveur. Si bien que ne pas être prêt à 100 % faisait intégralement partie de sa démarche. Se préparer, oui. Tout maîtriser ? Inenvisageable. Inintéressant.

Cette démarche particulière, extraordinaire, n'a pas été perçue par tous ceux qui ont crié à l'inconscient. Il existe mille manières de réaliser un exploit. Catherine Destivelle était prête. Elle avait de la marge tant son expérience était grande. Cela n'enlève rien à son exploit. Ce n'est juste pas la même manière de fonctionner.

Hugues n'avait pas peur de la mort. Pas d'angoisse existentielle, pas de peur du néant, pas d'inquiétude face à la finitude. Il avait juste peur de mourir. Ou dit autrement, il n'avait pas envie de mourir. La mort, ce n'était pas grave aimait-il rappeler. C'était vivre qui était important. Et vivre correctement. Sans la crise existentielle devant l'immensité du point d'interrogation, la peur de mourir reste le meilleur moyen pour profiter de la vie.

Par un tour de force involontaire, il était parvenu à faire mentir Sartre, ce qui n'est pas le moindre des mérites.

« *L'angoisse devant la mort est la condition même de la liberté* », proclamait le philosophe.

Chez Hugues, tout le contraire apparaît au fil de sa vie. C'est dans l'absence totale de peur de la mort qu'il a trouvé le détachement nécessaire à l'accomplissement de ses actes. Et par là même, une liberté totale. Rien n'est impossible à celui qui ne craint pas la mort.

Dans la presse, Hugues s'enthousiasme :

— Je me suis régalé. C'était superbe et j'aime me battre. Pour moi, c'est un super test, surtout sur le plan mental.

Mais à ses proches, il confie sans pudeur qu'il a réellement cru mourir dans cette voie.

Quand France Info relaie l'information de son ascension, sa famille comprend qu'il a fait quelque chose de très difficile. Un cousin, alpiniste amateur, complètement ébloui par l'exploit, leur confirme que c'est un sacré gros morceau qu'Hugues vient de réaliser.

Pour ne pas les inquiéter, Hugues a rabaissé la difficulté des ascensions qu'il entreprenait, les maintenant dans une « *inconscience heureuse* » qui convenait à tout le monde. De l'hôpital, le Rasta envoie à sa mère une photo de ses orteils entièrement numérotés. Tout va bien, ils sont tous là.

La conclusion de l'épopée de la Walker revient à… Jacques Chirac. Le 12 février 1993, le Maire de Paris se fend d'un courrier à l'attention de Monsieur Hugues Beauzile le félicitant pour son ascension. Avec un « *Bravo !* » manuscrit. On peut y voir, au choix, la main de Pierre Mazeaud qui le connaissait très bien ou un homme politique déjà en campagne pour la présidentielle de 1995. Les deux ne sont pas incompatibles.

12

ON SE TUE AUSSI EN MONTAGNE

*« La montagne n'est ni juste, ni injuste.
Elle est dangereuse. »*

(Reinhold Messner, l'alpiniste indépassable)

En France, plus de deux cents personnes meurent chaque année en montagne. Chute, choc, glissade, avalanche, mauvaise manipulation, événement météo mais aussi arrêt cardiaque, hypothermie... Plus de deux cents vies stoppées par un manque de préparation, une mauvaise évaluation de la situation, une erreur technique ou un simple et tragique pas de chance.

Faire un sport de montagne, c'est accepter d'avoir un ami ou une connaissance qui meurt ou se blesse gravement. C'est essayer aussi de ne pas être cet ami ou cette connaissance.

Ne pas se louper dans ses manœuvres, éviter les endroits à risque, grimper quand le regel est bon... C'est une chose. Mais se prémunir du hasard de se prendre une pierre sur la gueule relève bien souvent de la mission impossible.

Car dans ce bloc de rochers qui se détache loin au-dessus de toi, qui décide, à un moment donné, toi tu vis, toi tu meurs ? Personne.

Patrick Edlinger, après des centaines de voies sans aucune protection, est mort d'une banale chute dans ses escaliers. Bonatti, Berardini, Rebuffat, Paragot, Magnone, Cassin ou encore Demaison ont pris des risques toute leur vie et sont morts dans un lit. Et tant de milliers sur les flancs d'une montagne, dans les entrailles d'un glacier, sous la poussière étouffante d'une avalanche.

Nos destinées individuelles sont régies par la perfection de la théorie du chaos. Une seconde de décalage pour que le bloc ne fracasse pas ma tête et disparaisse dans le vide. Cette seconde est magique. Dans la chaîne de causalité, elle date de notre naissance, de cet empilement sans fin de choix effectués plus ou moins consciemment et qui nous apporte précisément cette seconde de décalage avec la mort.

Aucun humain ne peut maîtriser l'infinité des choix qui entraîne l'infinité des « *et si* ».

Et si, et si… C'est remonter jusqu'à l'absurde l'infinité des possibilités comme l'a fait Brigitte Giraud dans *Vivre Vite* pour expliquer par le hasard la mort de son compagnon dans un accident de moto.

La moindre action, le moindre mouvement, la plus infime décision change tout l'avenir, tout le temps.

Toi tu vis, toi tu meurs. Et c'est comme ça. À la fin, quels que soient les millions et les millions de choix que l'on a faits à chaque instant, on meurt tous. Et dans cet intervalle si bref qui sépare la vie de la mort, on essaie de vivre en cheminant dans l'infinité absolue des possibles. Avec, pour certains, la rage que cela vaille le coup.

Lulu avait cette rage et connaissait si bien, comme tous les montagnards, la douleur de la perte d'un camarade en montagne.

En 1961, il a perdu son ami Pierre Mazeaud. Du moins pendant quelques heures.

La tragédie du Frêney constitue l'une des histoires les plus connue de l'alpinisme. L'une des plus tragiques aussi.

1961, juillet. Pierre Mazeaud, son immense ami Pierre Kohlmann, Robert Guillaume et Antoine Vieille s'attaquent à l'un des derniers grands problèmes des Alpes, le pilier du Frêney, cathédrale de granite posée dans le versant italien du Mont Blanc, le plus sauvage, le plus impressionnant. Cinq cents mètres d'un rocher qui se redresse peu à peu au-delà de la verticale. Des difficultés techniques extrêmes pour l'époque, un sacré gros morceau pour aujourd'hui.

Alors qu'ils sont au bivouac, les Français sont rejoints par hasard par Walter Bonatti, immense alpiniste italien et ami de Mazeaud, accompagné de Andrea Oggioni et Roberto Gallieni.

Pas de compétition, pas de dispute. Ils grimperont tous ensemble pour réaliser cette première. Étant donné les forces présentes, le succès sera obligatoirement au rendez-vous.

Pierre Mazeaud savoure sa joie, l'ascension est magnifique, le rocher sublime, l'ambiance grandiose. Il est serein, calme, heureux. Le premier bivouac respire le bonheur d'être au bon endroit, au bon moment pour simplement être heureux.

La grimpe reprend le lendemain, Bonatti avale les longueurs. Le ciel est bleu, Mazeaud prend la tête et s'engouffre dans le plus gros morceau de l'ascension, soixante mètres complètement déversant. Il plante un piton et voit des petites flammes courir le long de son marteau. Les mousquetons qu'il porte en bandoulière se collent contre lui. Il réagit vite, pose un rappel, abandonne le matériel et descend. Vent violent, grésil, nuages l'enveloppent d'un coup. À peine a-t-il rejoint ses compagnons qu'un éclair frappe le sonotone de Kohlmann. L'homme s'effondre, hagard mais vivant, désormais complètement sourd.

Commence l'horreur. Les éclairs se fracassent tout autour d'eux. Les alpinistes sentent l'électricité à même la roche. Toute la nuit, des flammèches courent sur leur corps et eux pensent à la mort. Ils pleurent, ils prient, ils se serrent dans les bras.

Au matin, l'orage est fini mais la neige tombe en abondance. Une éclaircie arrive, ils mangent. Ils ne sont qu'à quatre-vingt-dix mètres du sommet. Le mauvais temps en juillet ne dure jamais longtemps. Ils attendent. Il reneige. La journée se passe en discutant un peu, en attendant beaucoup.

Un orage éclate à nouveau en fin d'après-midi. L'apocalypse recommence, la terreur revient, la mort rôde avec elle. Le calme revient à minuit. Ils sont gelés, les habits raidis par le froid, ils s'apprêtent à continuer l'ascension. L'orage réapparaît à 10 heures, la neige tombe à nouveau en abondance.

Ils ont encore attendu toute la journée. Parce que le mauvais temps ne pouvait pas durer éternellement. Car le sommet était tout proche. Et puis l'histoire de l'alpinisme est remplie de retraite catastrophique et dramatique. Mais aussi parce qu'avec Bonatti qui est le meilleur alpiniste de la génération... Tout un tas d'espoirs et de bonnes raisons.

À minuit, Mazeaud tente de sortir par le haut. Tentative désespérée. C'est impossible. Alors commence la descente. Bonatti tire des rappels de quatre-vingts mètres dans la tourmente sans parvenir à voir au-delà de son bras tendu. Une journée pour atteindre la base du pilier et prendre pied sur le glacier. Il fait nuit. Impossible de continuer. Cinquième bivouac. Épuisement absolu. Mazeaud passe la nuit à fumer des cigarettes en buvant du thé avec Antoine. Pierre Kohlmann a les mains noires, complètement gelées. Il s'endormira sur les genoux de Bonatti.

À 3 heures du matin, ils comprennent qu'ils sont en train de mourir lentement. Ils s'encordent tous ensemble et Walter fait la trace dans la neige épaisse. Aux rochers Grüber, les rappels recommencent.

Antoine Veille ne les atteindra pas. Il s'assied à côté de Mazeaud et meurt d'épuisement à 22 ans. Ses amis l'enveloppent avec une toile de tente comme linceul.

Tous pleurent mais poursuivent la descente. À la fin des rappels, ils s'enfoncent dans la neige jusqu'aux épaules. Cinq minutes entre chaque pas pour tasser la poudreuse. Mazeaud tombe, Kohlmann le relève. Kolhmann tombe, Mazeaud le relève. L'amitié suprême, donner ses forces à celui que l'on aime. Des heures et des heures à s'épauler.

Encore cent mètres à gravir pour atteindre le col de L'Innominata. C'est trop pour Robert qui s'effondre, mort. L'indestructible Bonatti équipe le passage, Roberto le suit. Pierre Kolhmann monte et jette un dernier regard à son frère, son ami le plus proche, Pierre Mazeaud. Ils ne se reverront plus.

Mazeaud et Oggioni ne peuvent gravir le col. Ils attendent les secours, appuyés l'un contre l'autre. Plus aucune force dans le corps, presque inconscient. À deux heures du matin, l'Italien s'affaisse dans les bras de Pierre. La mort encore et toujours. Mazeaud reste seul avec le cadavre d'André dans ses bras.

Dans un sursaut vital, il essaie de grimper. Un piton lâche, il dévale le col et s'arrête par le miracle d'un nœud coincé. Il pend désormais le long des rochers. Plus rien à faire à part regarder la mort en face, toute la nuit, dans une demi-inconscience.

Mais elle ne viendra pas pour lui. À l'aube, les secours l'extraient et le descendent au refuge recevoir les premiers soins. Pierre Kohlmann n'a pas eu cette chance. Dans la descente avec les deux Italiens, le Français a sombré dans la folie. Il a essayé de les tuer avant de perdre la trace et de s'éteindre dans la nuit.

Quatre morts. Et trois survivants à jamais hantés par le souvenir de ceux qu'ils aiment.

En France, Lulu attend des nouvelles. Quand il a su que ses copains n'étaient pas encore sortis du pilier, il a compris qu'un drame se jouait. Même s'il ne pouvait y croire, il répétait :

— Ces mecs sont très forts, il ne peut pas leur arriver malheur.

Avec le père de Pierre Mazeaud, ils descendent à Chamonix et apprennent le sauvetage d'une partie de l'équipe. Qui est vivant ? Personne ne le sait.

En passant la frontière italienne au col Saint Bernard, le douanier découvre la carte d'identité au nom de Mazeaud.

— C'est mon fils qui est là-bas, murmure le père.

— Je suis désolé, répond le douanier, il est mort.

Douleur absolue mais sens des réalités.

— On va s'occuper de tout, annonce simplement Lucien.

Ils descendent à Courmayeur. La mort habite le silence. Un fils, un ami, une vie finie.

En entrant dans l'hôpital italien, ils cherchent un mort. On les conduit dans une chambre et ils trouvent un vivant. En mauvais état mais en vie. Lulu s'effondre en larmes dans les bras de Pierre. La mort, la vie. La tristesse immense, la joie infinie. Ce ne sont pas des contrastes, juste les faces d'une même pièce.

Deux ans plus tard, Lulu sera confronté à la mort directe d'un camarade dans les Dolomites.

Le Massif du Mont Blanc d'un côté, les Dolomites de l'autre, les deux lieux aimantent les grimpeurs et les aventuriers depuis trois siècles.

Aux confins de l'Italie, limitrophe de l'Autriche, le massif accumule de manière indécente les pics majestueux et les murailles verticales démesurées. Tout le gratin de l'alpinisme s'est confronté à ces falaises souvent esthétiques, parfois monstrueuses, toujours idéales pour les aventures épiques et les défis techniques.

Robert et Lucien n'échappent pas à cette attraction. En cet été 1963, Claude, la femme de Lucien, a rejoint la cordée pour profiter du rocher si particulier qu'est la dolomie (un calcaire riche en magnésium pour ceux qui aiment les détails).

Chez les grimpeurs assidus, les refuges sont souvent peuplés d'amis. Dans celui de Vazzoler, ils croisent Giani, un copain Suisse. Il a fait la connaissance d'une jeune Italienne en lui proposant de l'amener grimper. L'escalade constitue un bon moyen de draguer.

Au fil des bouteilles de vin, les cinq décident de partir ensemble le lendemain. L'objectif, une voie dans la face sud de la Torre Venezia, est facile. Les Français et Giani peuvent picoler tranquille, leur niveau dépasse de très loin les difficultés prévues sur l'itinéraire.

À leur lever tardif, une journée parfaite s'annonce. Le ciel est bleu, le soleil brille, les prises sont bonnes, la voie est aérienne. Les grimpeurs progressent avec bonheur. À midi, la cordée de Lulu, Claude et Robert sort au sommet et attaque son repas.

Giani et son Italienne n'arrivent pas. Les trois sont d'accord : un petit flirt sur une vire constitue un véritable moment charmant. Le temps s'étire. Toujours rien. Du sommet, ils ne distinguent personne. Rien d'étonnant sur ces parois hautes de plusieurs centaines de mètres. Conclusion : ils ont dû redescendre. Et eux font de même.

Mais Giani n'est pas redescendu. Dans la cheminée finale, il a glissé. Le passage était facile, il n'avait pas planté de pitons. Une chute de soixante mètres. Son corps fracassé est coincé dans des écailles de rochers, la jeune Italienne est vivante.

Le gardien du refuge, monté avec une cordée de secours, veut extraire le corps de la paroi. À l'époque, dans les Alpes françaises, lorsqu'un alpiniste trouvait la mort dans une paroi, il était enveloppé dans un sac et jeté dans le vide. Pour Lulu, « *la pratique peut sembler barbare mais est sans doute la meilleure car elle évite de faire prendre des risques parfois énormes aux sauveteurs pour ramener un cadavre intact* ».

Robert s'occupe de redescendre la jeune Italienne, Lulu reste pour hisser le corps de son ami.

Les deux sont bouleversés. Jamais ils n'ont eu d'accident. Jamais personne n'a trouvé la mort dans une course avec eux. Jamais ils n'avaient perdu un ami aussi subitement. Juste un pied qui glisse, au mauvais endroit, au mauvais moment.

Trois ans plus tard, dans la face nord du Huascaran, leur grand ami Dominique Leprince-Ringuet trouvera la mort à la descente. Son corps ne sera jamais retrouvé, englouti dans une crevasse. Les seules traces seront des lambeaux de vêtements arrachés et disséminés sur la paroi.

La victoire, magistrale sur cette face vierge, est amère. Ils avaient tous atteint le sommet au bout d'un mois d'efforts acharnés. « *Ce n'est pas cela la montagne, aucune victoire ne vaut la vie d'un camarade* », écrira plus tard Robert.

Pourtant, la quête du sommet n'est pas la coupable et aucun grimpeur n'a été sacrifié pour la victoire. Rien n'est à reprocher à personne. Dominique Leprince-Ringuet est mort de s'être trouvé, là encore, au mauvais endroit, au mauvais moment. Pendant un instant, il s'est décroché de la corde fixe pour passer son mousqueton sur le tronçon de corde inférieur, une pratique courante à l'époque, beaucoup moins de nos jours. Une pierre l'a frappé à ce moment précis et a entraîné sa chute. Infinité des secondes vécues pour arriver à ce moment dramatique précis.

La fête du Huascaran n'aura pas lieu, les cœurs sont lourds et le retour à Paris grisonnant.

Le 22 mai 1993, c'est Hugues qui est frappé en plein cœur. Fred Vimal se tue dans la première tentative hivernale et solitaire de la voie Élixir au Grand Capucin. Les deux se connaissaient peu et ne s'étaient croisés que deux ou trois fois. Et pourtant. Entre eux existait une connexion intime, celle qui unit deux individus profondément libres, rebelles, insouciants, insolents.

Pendant deux mois, Hugues est profondément affecté. Lui, si hilare d'habitude, ne rit plus. Le Rasta n'a pas peur de sa mort mais celle de Fred le blesse en profondeur. Début août, il part à Chamonix. Certains se recueillent sur une tombe, d'autres prient devant une photo. Hugues grimpe pour conjurer la peine, rendre hommage et évacuer la douleur de la perte.

Il dort à Chamonix chez un pote, lui parle de son projet, d'aller faire la voie Élixir. Dans la vallée, des potes de Fred l'apprennent. La colère naît. Ils accusent Hugues d'avoir pour objectif de se faire mousser sur la mort de Fred. Véritable méprise sur les intentions du Rasta. La peine brouille souvent l'analyse des situations.

Hugues ne voulait pas de publicité sur son ascension. Pour lui, c'était simple. Il était profondément meurtri par la mort de Fred. Gravir la voie consistait à résoudre son deuil, à livrer son hommage personnel et intime, dans la solitude et le silence. Pour lui, pour Fred. Pas plus, pas moins.

Encore une fois l'incompréhension. Comment imaginer dans un monde bourré de storytelling, de sponsors, de vies mises en scène qu'un type veuille juste faire les choses pour lui ? Il s'en foutait Hugues du reste du monde. Bien sûr, il avait de la fierté. Et celle du travail accompli à Claret l'emportait sur toutes les autres.

Mais la gloire ou la couverture médiatique ne l'intéressait pas. Réellement. C'est dur à comprendre. Le désir de briller aux yeux des autres, en bien comme en mal, se terre au plus profond de chacun de nous. La reconnaissance sociale comme remède à la blessure de la prime enfance, à la peur de manquer d'amour, à la nourriture de l'estime de soi, à l'acceptation et donc à la sécurité parmi le groupe.

Hugues n'avait pas besoin de tout cela. Il était parvenu, sans effort, sans réflexion préalable, sans coach personnel ni psy à l'aboutissement de la quête de millions de gens : s'en foutre royalement. Il faisait juste ce qu'il avait envie de faire et ne prodiguait aucun effort pour paraître aux yeux des autres.

La célébrité en tant que telle ne l'intéressait pas. Un jour, se baladant à Chamonix avec sa sœur, des inconnus sont venus lui serrer la main et le féliciter. Il n'a pas aimé. Il ne voyait qu'un seul avantage à sa médiatisation : recevoir des chaussons d'escalade gratuitement.

Recherche de l'intensité, recherche du dépassement, vivre pour lui et pour personne d'autre, être fier de lui et de ce qu'il a accompli, voilà tout ce qui l'intéressait. Le reste, il s'en foutait.

13

L'APPEL DU YOSEMITE

« Parce qu'à la fin, tu ne te rappelleras pas le temps que tu as passé à travailler dans ton bureau ou à tondre la pelouse. Grimpe cette putain de montagne »

(Jack Kerouac)

Les surfers ont Hawaï en ligne de mire. Pour les grimpeurs du monde entier, il existe aussi un lieu mythique.

Dans les années cinquante, les beatniks de Californie fuyaient la conformité désarmante de l'Amérique post Seconde Guerre mondiale, dans laquelle le rêve ultime était de se marier, faire des enfants et acheter un lave-vaisselle. Certains partirent faire du surf, d'autres gravir les montagnes.

Déboulant dans l'alpinisme rigide de l'époque, ils envoyèrent chier tous les principes de Papa, la préoccupation constante de la sécurité, le grimpeur qui doit franchir un certain nombre d'étapes et de validation avant de pouvoir devenir leader d'une cordée. Ils emmerdaient le monde et ses règles. Ils voulaient de l'intensité dans leur vie, vibrer quoi !

À trois cents kilomètres de San Francisco, ils finirent par tomber sur les immenses falaises du Yosemite. Le lieu était connu des amoureux de la nature, érigé en parc national depuis 1890, l'un des plus vieux du monde. Il deviendra le refuge sanctuarisé de cette communauté de grimpeurs pendant plus de quarante ans.

Dans cette vallée étroite, dont l'ancien glacier a poli les flancs, les falaises forment un océan de roches de plus d'un kilomètre de hauteur, parfaitement verticales et uniformes. Une beauté primitive, un monde en soi. Amusez-vous à marcher pendant un kilomètre en ligne droite pour prendre la mesure des lieux.

Quand les chevelus débarquent, l'endroit n'est pas vierge de grimpeur. Un homme est déjà installé là depuis dix ans. John Salathé est un ancien forgeron suisse qui dialoguait avec les anges et mangeait ses récoltes de plantes sauvages. Il avait commencé l'escalade à seulement 45 ans mais défrichait, avec des pitons forgés par lui-même, toutes les parois de la vallée. Un mec parfait pour les beatniks mais qui finira par franchir la barrière séparant l'excentricité de la folie.

Le Camp IV devint le lieu de vie permanent des babas cool grimpeurs. Ils profitèrent avec passion de cette glorieuse époque où le parc n'était pas victime de quatre millions de visiteurs annuels, des permis pour circuler et de l'interdiction de camper plus de sept jours par an.

Dans cet âge d'or, aucun ne voulait bosser. Ils voulaient juste grimper, aller plus haut, dans du plus dur. Ils dédiaient leur vie à l'escalade, justement parce que cela n'avait aucun sens. Les conquérants de l'inutile par essence.

Le camp IV devint une zone de contre-culture absolue pour trente ans. Les chevelus hirsutes se nourrissaient de bière et de bouffe pour chat, pissaient à côté de leur tente en se marrant et jouaient de la guitare en beuglant beaucoup trop fort.

Le télescopage fut brutal avec les touristes de la classe moyenne américaine venus passer leurs vacances en caravane dans le coin. Chez les riches clients de l'hôtel huppé construit dans la vallée, l'effroi régnait : les grimpeurs puants venaient bouffer leurs restes à même les assiettes.

Les années soixante-dix voient s'installer des hippies encore plus barrés. Le LSD fracasse les portes de la perception et ôte toute peur. Les itinéraires ouverts en falaise dépassent alors l'audace, ils flirtent avec la folie. La star de l'époque, Jim Bridwell, escalade sous acide. Rien ne peut l'arrêter. Et quiconque grimpait avec lui vivait le plus effrayant des rites de passage : la mort rodait à chaque mètre.

— La frontière est mince entre l'audace et la stupidité, indiquera l'un d'eux.

Manger, dormir, grimper et fumer de l'herbe. Le programme quotidien de la communauté du Camp IV est simple. Parmi elle, Lynn Hill, petite femme de 1,57 mètres. Les hippies avaient beau être des hippies, une certaine forme de machisme et de virilisme régnait dans le monde clos du Yosemite. Toute sa vie, Lynn a lutté et prouvé qu'une femme, si petite soit-elle, pouvait grimper aussi bien voire mieux qu'un grand mec balaise.

En 1977, elle a seize ans quand elle arrive au Camp IV. Elle y passe ses week-ends. Puis ses vacances. Puis tout son temps. Au milieu des années quatre-vingt, elle quitte les lieux. L'ambiance a changé. La communauté du Yosemite se déchire, victime des dissensions sur l'éthique, des débats houleux sur les compétitions naissantes, de l'arrivée des perceuses pour équiper. Le Camp IV devient aussi la proie des rangers du Parc qui en ont ras le bol de cette bande de branleurs qui squattent là depuis trente ans.

Lynn Hill s'installe en France, réalise des premières féminines sur quantité de falaises, participe aux compétitions, truste les podiums dans les épreuves internationales, gagne une coupe du monde et devient une des rares professionnelles de l'escalade.

Claret attire alors tous les meilleurs grimpeurs d'Europe. La prodige américaine finit par débarquer aussi sur le calcaire héraultais. Elle rencontre Hugues. La connexion est immédiate entre le rasta rebelle et la blonde hors des clous.

Le 19 septembre 1993, sur ces falaises du Yosemite, Lynn Hill libère l'une des voies les célèbres du monde, The Nose. Plus de neuf cents mètres de haut, une falaise verticale puis déversante, un vide indescriptible, un exploit hors du commun.

Rêve d'enfant pour Lulu que de se confronter à cette verticalité innommable, rêve tout court pour Hugues. L'exploit de la copine Lynn les incite à franchir le pas. Ils décollent à l'automne 1993 pour deux mois d'aventure américaine.

À 63 ans, Lulu se retrouve à nouveau projeté dans la fureur de la vie suspendue. Deux jours durant, dans les innombrables longueurs de corde du Nose, il retrouve l'incroyable sensation de naviguer dans un océan de rocher. Il retrouve aussi la soif, la chaleur, la fatigue.

Hugues ouvre la voie. Et face aux températures trop élevées décide de grimper de nuit. Lulu s'endort au relais en l'assurant.

Il en faut plus pour déstabiliser le Rasta. Il se contente de tirer la corde le plus doucement possible pour ne pas réveiller son pote.

Sitôt descendu, Hugues partira faire une voie en solo pour parfaire sa technique. Cinq jours de combat dans Zodiaq, dans la brume et la pluie, c'est parfait comme entraînement pour ses projets dans les Alpes.

Le voyage se mue en road trip. La sœur de Lynn leur prête une voiture et ils écument tous les deux les falaises de Californie. Grimper, rouler, déconner. La vie est belle quand on sort de chez soi. La vie est belle aussi en la partageant. « *Happiness is nothing if not shared* », le bonheur n'est rien s'il n'est pas partagé. Les Américains ont le sens de la formule. Surtout Christopher McCandless qui est mort tout seul après avoir écrit cette phrase dans son carnet...

Pendant presque deux mois, Hugues et Lulu savourent cette complicité et cette intimité impénétrables aux autres, cette formidable amitié née sur une falaise miniature et vécue sur les plus grands murs du monde.

Avant de revenir en France, ils se font voler toutes leurs affaires. Ils s'en foutent, ils ne sont pas attachés au matériel. Ils sont juste emmerdés pour la perte des cadeaux qu'ils ramenaient.

Dès que l'avion atterrit, ils filent à Châtellerault chez les parents de Hugues. Depuis combien de temps ne se sont-ils pas lavés ? Difficile à dire mais ils puent horriblement. Deux ados indéniablement...

14

Comme un coup de vent

« Tous ceux qui errent ne sont pas perdus »

J.R.R. Tolkien (qui était aussi
un alpiniste amateur amoureux de la montagne)

L'envie d'ailleurs a souvent habité Lucien. Jamais il n'a rechigné à partir en expédition. Entre un bureau et le grand air, entre la routine et l'aventure, la question même du choix ne se pose pas. La question de la famille non plus, tant il aura laissé ses enfants au soin de leurs mères, voguant vers sa vie et laissant les autres gérer l'éducation et l'intendance. Durant toute son existence, il aura largement laissé toutes ses responsabilités de côté, n'intervenant qu'au dernier moment, souvent quand la situation dérape complètement.

En janvier 1958, Lulu s'expédie dans le massif du Hoggar, à quelques encablures de Tamanrasset, quelques mois après la fin de la sanglante bataille d'Alger et quelques mois avant le « *Tous français, de Dunkerque à Tamanrasset* » clamé par le Général de Gaulle revenu au pouvoir.

Alors que la guerre fait rage dans le nord, les montagnes restent imperturbables à la violence des hommes.

Lulu accompagne Maurice Herzog, Lionel Terray et soixante jeunes alpinistes du club alpin français. Pendant quinze jours, ils ouvrent cinquante nouveaux itinéraires. Au retour, avec sa modestie légendaire, Herzog déclarera :

— Le Hoggar a été dépecé, il ne reste pratiquement plus de voies alpines à ouvrir.

Lulu retourne dans le sud algérien en 1964 avec Pierre Mazeaud. Les deux hommes visent la Takouba, une aiguille dressée dans le ciel. Elle s'impose dans le paysage du Garet el Djenoun, la bien nommée montagne des génies, défloré par l'écrivain alpiniste Roger Frison-Roche en 1935.

C'est un sommet vierge. Il n'en reste plus beaucoup sur la planète pour éprouver cette sensation étrange et enivrante de fouler un sommet qu'aucun humain n'a atteint.

Pour rallier le pied de l'aiguille, il faut remonter un oued asséché et brûlant pendant deux jours. Une jolie bavante quand on porte trente kilogrammes de matériel, de l'eau en quantité suffisante pour tenir l'ascension… Et du pinard. Grimper sans un coup de rouge ne semble pas envisageable pour Pierre et Lulu.

Car au-delà du sommet à conquérir, le but de l'expédition reste de se marrer, quoi qu'il arrive, quoi qu'il se passe. Pousser des coups de gueule, rigoler et boire un coup constituent les invariants dans la vie des deux hommes.

Au sommet de la Takouba, ils trouvent une petite fleur. Lulu à Pierre :

— Garde-la, il faudra qu'on la mette sur notre tombe.

Je ne sais pas si finalement la petite fleur a orné sa tombe. Mais je sais qu'en 2009, le pur produit de Claret et champion d'escalade Daniel Dulac récupérera les deux pitons plantés au sommet et les rapportera à leur propriétaire, Pierre Mazeaud. L'alpinisme relie les hommes plus qu'avec une corde.

En 1966, c'est le Huascaran au Pérou. Deux victoires pour Lulu et un vide immense dans son cœur. La première victoire, il l'obtient contre les instances nationales. Jusqu'à présent, elles le tenaient à l'écart des expéditions officielles. Aucune confiance dans un type dont la moitié de la main et une partie des pieds sont amputées.

Malgré ses réalisations en montagne depuis l'Aconcagua, le comité national le jugeait trop peu solide, pas assez performant pour représenter la France sur les sommets du monde.

Voilà pour la version officielle. La version officieuse tient à la réputation de Lucien. Aux yeux de la fédération, c'était un voyou, une grande gueule, un mec qui pète les voitures et vole les femmes des autres.

Robert se battra et finira par l'imposer malgré tout comme membre de l'équipe. Victoire sur la chaîne hiérarchique, victoire de l'amitié et victoire au sommet après un mois d'effort, une démonstration éclatante des capacités toujours intactes de Lucien.

Le vide, c'est la mort de son ami Dominique Leprince-Ringuet. Une pierre tombale, qu'elle soit en marbre ou dans les entrailles d'un glacier, ne s'échappe jamais du cœur des amis.

En 1971, Lulu s'envole pour l'Himalaya et le pilier ouest du Makalu. L'expédition est nationale, le retour victorieux, l'Élysée invite l'ensemble de l'équipe à déjeuner. Le Président

Pompidou, plus enclin à s'émouvoir devant de l'art que des prouesses en montagne, est impressionné par la personnalité de Bérardini.

— Mais c'est qui ce type bourru aussi à l'aise ? demande le Président à son entourage après le repas.

C'est Lulu. Rare sont ceux qui possèdent une intelligence instinctive qui les assoit confortablement dans le vide ou sous les ors de la République. Il passe son temps à rentrer dans les gens mais avec une acuité fine des situations. On peut vanner avec n'importe qui. Pas n'importe comment, ni n'importe quand.

En 1979, ce seront les mois passés sur les pentes du K2.

Et depuis trente ans, les fins de semaine à Fontainebleau ou au Saussois, les ponts et les vacances à Chamonix, dans le Vercors ou les Dolomites. Ses trois enfants ont un père en pointillé. Sa dernière fille, Rose qu'il a eu avec Sarah, n'a que sept ans quand il part pour l'Arabie Saoudite. Opportunité professionnelle de se plonger dans un chantier colossal ou soif d'ailleurs, peut-être les deux mêlées.

Nous sommes en 1982. Il ne reviendra réellement en France qu'en 1987.

Sitôt arrivé dans la péninsule arabique, il entreprend de construire un alambic clandestin pour lui et ses gars. L'alcool érigé en première source de convivialité surpasse tous les interdits. Et puis interdire quelque chose à Lulu...

Deux ans plus tard, le chantier est terminé. Retour en France au chômage. Il déprime et s'emmerde. Cela ne durera pas. Pierre Mazeaud organise une expédition pour le Gasherbrum II au fin fond du Pakistan. Il charge Lucien de s'occuper de toute la logistique, six tonnes de matériel et de nourriture à rassembler et préparer.

Ils partent le 9 juin 1984 pour trois mois. Sur le chemin du camp de base, il longe la magnifique Tour de Mustagh. Paragot l'a escaladée en 1956 dans le cadre d'une expédition nationale. Sans les gelures de l'Aconcagua, Lulu aurait participé à l'aventure. Et vu son talent, aurait sûrement été au sommet. Des regrets ? Qui sait...

Au camp de base du Gasherbrum, il croise Reinhold Messmer, le plus grand alpiniste pour Mazeaud. Pour beaucoup de monde aussi. Le contraste est saisissant entre l'expédition lourde des Français, leurs 260 porteurs et leurs kilomètres de cordes et le style léger et alpin de l'allemand.

La tentative française échoue devant la quantité de neige accumulée et le mauvais temps. Lulu ne connaîtra pas la joie d'avoir vaincu un huit-mille. Il ne savourera pas ce bonheur avec Pierre.

De son côté, Messner effectue la traversée entre les deux Gasherbrum, à plus de huit mille mètres, avec juste son sac à dos et sa barbe, sans bouteille d'oxygène, sans camp intermédiaire. Lucien Bérardini et Pierre Mazeaud sont des alpinistes exceptionnels de classe mondiale. Messmer est simplement un extraterrestre.

À son retour, dans son courrier, Lulu trouve une lettre d'embauche pour un chantier en Irak. Il prend à peine le temps d'embrasser ses proches, il est déjà reparti. C'est brusque et violent. Il l'aura souvent été avec sa famille.

On l'a déjà dit : l'individualisme conduit à de grandes réalisations mais saccage souvent l'entourage. Lulu était un type entier, sans concession, sans demi-mesure. Ses enfants ont grandi avec ce père souvent absent et dont la présence pouvait parfois tout détruire sur son passage. La montagne était son exutoire. Sa famille aussi parfois. Complexe mélange d'un homme au cœur immense et à la générosité sans limite mais dont la violence psychologique et verbale, le caractère impulsif, laissent des marques indélébiles chez ceux qui attendent quelque chose de lui.

15

1994 : LES DRUS

« Il ne faut jamais faire confiance à ce qui est écrit.
Au mieux, le récit est une explication
de seconde zone de la réalité »

(GREG CHILD, ALPINISTE ET ÉCRIVAIN. OU L'INVERSE)

Les Drus comptent parmi les sommets emblématiques du massif du Mont-Blanc, avec un atout de taille : leur silhouette se dévoile depuis les terrasses des cafés de Chamonix. Au-delà de l'esthétisme, la renommée d'une montagne repose aussi parfois sur sa proximité avec les visiteurs.

En 1952, Lulu et ses copains Guido Magnogne, Adrien Dagory et Marcel Lainé ont pulvérisé le mythe de la face ouest des Drus, obtenant ainsi la reconnaissance du milieu montagnard (et pas mal de jalousies aussi).

Depuis presque quinze ans, des dizaines de cordées de toutes les nationalités assiégeaient cette paroi. Sans succès. Mille mètres de granit – pour se l'imaginer, il suffit d'empiler trois Tour Eiffel dans sa tête – d'immenses dalles verticales couplées de surplombs et des toits de dix mètres d'avancée : en un mot, insurmontable.

Les plus célèbres alpinistes s'y étaient cassé les dents. À leur deuxième tentative, la bande de prolos parisiens démontrera magistralement que rien n'est impossible.

Six jours de combat dans une escalade qui frôle en permanence les limites du possible, des nuits blanches accoudées sur un bout de corde tendue dans le vide et une victoire inattendue mais logique.

Combien de fois Lulu a-t-il failli abandonner ? Dans cette lutte pour la face ouest des Drus, le deuxième jour est épouvantable. Après une nuit blanche, il est pendu dans les surplombs de granit, cherchant en vain un endroit où se reposer. Il a failli craquer à ce moment-là. Plus de force, plus de jus, la faim, la soif, la lassitude, il abandonne les bras ballants.

Minuscules fourmis sur cette gigantesque paroi, ses deux compagnons Guido et Adrien l'exhortent à continuer. Sans mouvement, ils meurent. Alors il finit par repartir le Lulu. Parce qu'il veut vivre. La beauté existentielle de l'alpinisme est là : avancer ou mourir.

À seulement 22 ans, cette ascension de la face ouest des Drus fait entrer Lucien Bérardini dans l'histoire de l'alpinisme.

En août 1955, Lulu est de retour aux Drus. Il ne vient pas grimper une nouvelle voie. Il vient simplement donner de la voix. Car sur le pilier sud-ouest, Walter Bonatti réalise l'un des plus grands exploits de l'alpinisme. En solitaire, pendant six jours, l'Italien déflore ce pilier inaccessible et imprenable. De l'arête des Flammes de Pierre, Lulu et quelques copains l'encouragent dans les dernières longueurs.

Lucien et Walter ont le même âge, 25 ans cette année-là et parcourent les parois de Chamonix depuis des années. Pourtant, ils ne se connaissent pas. Mais quelle importance ? Lulu aime les exploits et l'engagement des hommes.

Quand il apprend que Bonatti est perché depuis cinq jours sur ce pilier du Petit Dru, réalisant une des plus marquantes ascensions solitaires de l'histoire de l'alpinisme, il ne réfléchit pas et part l'encourager. La vie est simple quand on suit son instinct. La vie est belle quand on aime le partage et l'émotion.

Revenus tous ensemble, ils fêteront l'exploit au refuge de la Charpoua. Une photo immortalise ce moment magique. Bérardini, la clope au bec, Bonatti, du saucisson à la main, tous les deux hilares. Connexion d'hommes qui risquent leur vie pour aimer la vivre, qui rêvent en grand avec bonheur et savourent leur plaisir.

Pierre Mazeaud admirait les deux hommes car ils possédaient la même force physique incroyable, la même capacité à encaisser la douleur sans se plaindre, la même rage intérieure de continuer inlassablement les assauts sur les parois. Et la même passion qui se voit sur les quelques photos des deux alpinistes prises dans ce refuge.

Hugues, après avoir terrassé la Walker, cherche un nouveau projet. Il veut continuer à poser ses chaussons dans les pas de Lulu. Toujours cette idée chez lui de ne rien devoir à personne mais de rendre hommage, à sa manière, à ceux qu'il aime. Les Drus s'imposent : nulle autre réalisation de Bérardini dans les Alpes n'a été auréolée de tant de gloire.

Les rochers mythiques de Chamonix sont zébrés de dizaines de voies, toutes historiques, toutes des prouesses, toutes avec une histoire incroyable. Par la personnalité et la ténacité de son ouvreur, par la difficulté technique et par son absence de répétition, la Voie Thomas Gross percute Hugues : « *Je veux aller là-dedans* ».

Thomas Gross est un alpiniste tchèque à ne pas confondre avec son homonyme millionnaire, éphémère compagnon de la starlette Paris Hilton.

L'alpiniste est un baba cool typique des années 1960 mais façon géant aux larges épaules et aux mains calleuses. À vingt ans, il a faussé compagnie à ses compatriotes pour se réfugier en Suisse. Là, il trouve des copains aussi déjantés que lui dans leur approche de la montagne.

En 1975, il crée son chef-d'œuvre, une voie incroyable de logique et de difficultés dans la face ouest des Drus. Pendant cinquante jours cumulés, il s'acharne à forcer les passages, coûte que coûte.

Son assaut final durera 19 jours. Du 20 avril au 8 mai 1975, il se lance avec un fagot de bois pour cuire des oignons et sa guitare pour lui tenir compagnie aux bivouacs.

Du matériel d'escalade aussi, ça peut servir. Mais à sa manière : il emporte des fers à béton de deux mètres de long qu'il découpera et tordra sur place pour les coincer dans les fissures et sécuriser sa progression. Épopée grandiose que cette ascension d'une extrême difficulté, avec du matos de bric et de broc, feu de camp et musique ad hoc.

Quand Hugues annonce tranquillement à sa famille qu'il part tenter la Thomas Gross, contrairement au petit monde des alpinistes, personne n'est admiratif. C'est une constance chez eux de ne pas tresser de couronnes. Sensible à ne pas créer d'angoisse, Hugues a, aussi, toujours minimisé la difficulté des ascensions à sa famille. Il les prévient quand même de la conduite à tenir en cas d'accident et de son souhait d'être incinéré. On ne sait jamais.

Le 1ᵉʳ janvier 1994, alors que les trois-quarts de la France se réveillent avec une gueule de bois, Hugues courbe l'échine sous ses quarante kilos de matériel en direction des couloirs des Drus. Conscient qu'il ne savait pas et ne saurait jamais skier, il part en raquettes et s'enfonce dans la poudreuse.

Il cherche le point de départ. On lui avait dit : « *Tu prends à gauche du couloir rectiligne* ». Mais des couloirs, il y en a partout. Il avance, se retrouve sur une dalle rocheuse recouverte de neige, s'enfonce, ne parvient plus à monter, ne peut pas descendre. Il est bloqué. Tant pis, il saute !

Il se réceptionne sur une petite vire, perd un crampon sous le choc, sent son genou et sa hanche qui craque. Mais Hugues est dur au mal. En l'absence de tente, il se creuse un abri dans la neige pour passer la nuit. Walkman sur les oreilles, il entend surpris un célèbre alpiniste, Marc Batard, 150 mètres plus haut que lui mais dans une autre voie, raconter son ascension en direct à la radio.

À l'aube, après auscultation de son corps, Hugues décide de faire demi-tour. Une démarche logique pour la plupart des humains. Pour lui, c'est une grande victoire que d'accepter de renoncer. En se traînant piteusement vers Chamonix, il ressent une grande joie : il sait abdiquer, il est devenu alpiniste.

Il valait mieux. Le médecin diagnostique une entorse du genou et un déplacement du fémur, le tout accompagné d'un énorme hématome. Verdict : un mois minimum de convalescence. Au bout de dix jours, Marc Batard abdique lui aussi devant le mauvais temps qui s'éternise.

Hugues fulmine malgré tout. Le 27 janvier, il devait s'envoler pour l'Amérique du Sud avec Lulu, direction la face sud de l'Aconcagua. Quarante ans après l'exploit de 1954, il rêvait de refaire la voie des Français, tracée par Lulu et ses compagnons. Mauvais timing. L'expédition est reportée à l'année suivante.

Fin janvier, il peut reprendre enfin quelques footings. Il juge son état suffisamment correct pour repartir à l'assaut de la Thomas Gross. Il s'engage avec huit jours de vivre. Un copain l'aide à rejoindre le pied de la voie.

La météo prévoit grand beau. Donc, par le miracle des prévisions incertaines, le mauvais temps s'installe dès le départ. Vent glacial, fissures bouchées par la neige et la glace, friends gelés, pierre qui crève sa tente dès le premier soir, les conditions sont dantesques.

Dans la deuxième longueur, une petite écaille casse et Hugues vole de quinze mètres. Le poignet a une entorse, la cheville gauche aussi. Rien d'inquiétant. Par contre, il voit l'os de son tibia à travers la plaie de sa jambe. Il referme la chair avec du Strappal, le ruban adhésif spécial des grimpeurs. Il neige, il vente, il reste dans sa tente. Au bout de 45 heures, son état physique s'est largement détérioré. Dans la tourmente, il trouve la force de rejoindre Chamonix.

Sa jambe est énorme, la plaie s'est infectée jusqu'à l'aine. La gangrène guette. Le médecin de l'hôpital le bourre d'antibiotiques. En se marrant, Hugues déclare à un journaliste :

— Je n'ai pas beaucoup d'expériences, j'apprends !

Le beau temps revient, Marc Batard repart pour une nouvelle tentative, Destivelle se paie le Cervin et lui se morfond en rééducation.

Il a prévu de répéter la Thomas Gross, il fera la Thomas Gross. Têtu, obtus, acharné et obstiné. « *Quand il avait une idée en tête, rien ne pouvait le faire changer d'avis* », témoignent tous ceux qui l'ont connu.

Le 24 mars, il est de retour. Et cette troisième tentative scellera la victoire. Peut-être parce que, cette fois-ci, Lulu l'accompagne en ski jusqu'au pied du couloir du Petit Dru. Lucien connaît bien le coin, il a déjà remonté ce couloir quatorze fois !

Il est 15 heures et aucune parole n'est utile. Lulu et Hugues échangent un regard, un sourire. Puis sans un mot, Lucien reprend la direction du refuge et Hugues, en cette heure tardive, installe son bivouac.

De la légèreté de son ascension des Grandes Jorasses, seul reste le souvenir. Hugues part avec 55 kg de matériel, un mois de vivre. De quoi faire le siège de cette paroi. Il arrivera au sommet. Quoi qu'il en coûte. Même s'il doit rester suspendu des semaines dans la face. Malgré la neige, le gel, le vent, le froid, il entend faire plier ce problème par sa volonté et son énergie.

Il met deux jours pour rejoindre le départ de la Thomas Gross. C'est grand les Drus… Le premier soir, il bivouaque au départ de la voie ouverte par Marc Batard. Il constate dans son carnet : « *Je suis dans sa pisse* ».

Il neige en abondance quand il attaque la première longueur de la voie. Dans la quatrième longueur, il se reprend une chute monumentale. La chance l'accompagne : aucun dégât physique.

Le 28 mars, le temps est toujours médiocre mais il franchit le premier grand toit et installe son bivouac sous le deuxième toit, une avancée immense qui a fait battre en retraite tous les prétendants à la répétition.

Le soir, bien calé dans son hamac, les pieds au chaud dans son duvet, Hugues savoure le silence et la solitude. Un bivouac ne se résume pas à une nuit en altitude, c'est un processus où le corps et l'esprit se fondent peu à peu dans la montagne. Sous lui, la brume mouvante emplit et libère le vide, comme une respiration. Ces lieux austères ne sont pas faits pour les humains. C'est peut-être justement pour cela qu'ils se sentent si bien : ici, la nature n'attend rien d'eux.

Le beau temps revient à l'aube pour assister au combat. Des heures durant, Hugues se balance dans le vide, soutenu par quelques pitons pourris. Il a passé des journées entières suspendu dans son baudrier pour équiper les grands toits de Claret. Mais le vide et l'ambiance sauvage des Drus finissent par saturer son oreille interne. Son regard oscille en permanence entre le plafond de rocher au-dessus de sa tête et l'immensité du vide déployé sous ses pieds. Sa tête lui tourne. Mais il progresse, centimètre par centimètre.

Quand enfin il s'extirpe de l'horizontalité, il bascule dans un autre monde. D'immenses et magnifiques dalles de granite orange se déploient au-dessus du surplomb. Désormais, seul Thomas Gross est passé avant lui. La difficulté est extrême mais il avance. Il n'existe plus d'échappatoires. Avec les toits aux dimensions démesurées sous lui, la descente est désormais impossible.

Hugues reste serein. Au bivouac du soir, il branche son walkman et écoute la radio. La difficulté de la paroi le fascine, la beauté des lieux l'étourdit et le foot diffusé ce soir-là l'horripile.

Le mercredi 30, le soleil se lève sur le Mont Blanc. Hugues boit un thé et admire. Le combat continue et un calme magnifique règne.

Pendant qu'il grimpe, un hélicoptère le survole. À son bord, Philippe Fragnol, photographe incontournable de Chamonix. Ses photos feront la Une du magazine Vertical, la référence des exploits en montagne, propulsant Hugues dans une véritable notoriété.

Le soir, quand il installe son nouveau bivouac, trois longueurs seulement le séparent du sommet. Théoriquement, le lendemain, il sera à Chamonix pour célébrer l'ascension. Mais la théorie, la montagne et la météo forment un trio capricieux.

Dans la nuit, le vent se lève. Un vrai vent d'altitude, très fort, très puissant, imprévisible. Il écrit dans son carnet : « *Il me reste à prendre mon mal en patience même s'il faut rester quatre jours ici. J'ai l'impression de faire du 4x4 avec la tête dans le moteur, la radio à fond* ».

Le jeudi, la neige et la foudre se rajoutent au vent. Il ne peut pas bouger. Le temps est long. Il aimerait sortir de la voie pour rejoindre Laure et les copains ce week-end. Il se branche sur la radio de Chamonix pour connaître l'évolution du temps. Las, la météo est en grève.

Le vendredi, l'apocalypse se déchaîne. Le vent est si fort qu'il n'arrive pas à ouvrir les yeux. Sa tente est un brouillard de particules, son duvet une serpillière.

Le vent forcit encore. Une mauvaise rafale retourne son portaledge, le hamac rigide sur lequel Hugues est installé et dort. La tête en bas, contemplant les huit cents mètres de vide, ballotté dans tous les sens par les rafales de vent, il parvient in extremis à se remettre à l'endroit. Il est gelé, trempé. La neige s'est infiltrée partout. Il a épuisé son stock de chaufferettes.

Le samedi, l'inquiétude gagne Lulu. Le temps s'est légèrement amélioré. Il convainc le Peloton de Gendarmerie de Haute Montagne de faire une rotation d'hélico sur les Drus. Hugues est toujours là, vivant malgré la tourmente qui s'est abattue sur lui.

Le Rasta parvient à faire une longueur. Plus que deux pour se sortir de cet enfer glacé. Nouvelle nuit sans sommeil. Il sait qu'il doit sortir maintenant ou il meurt.

À cinq heures du matin, le visage couvert de givre, il gratte et casse la glace qui s'est immiscée dans les fissures, a rempli la moindre fracture de roche nécessaire à la progression. Les longueurs sont dures, délicates à négocier. Le reste n'est que violence et lutte pour survivre.

Quand il atteint enfin le sommet, il ressemble à une statue de glace. Le givre a collé le moindre de ses poils, le moindre bout de cheveux.

Il ne connaît pas les Drus. Il ne connaît pas la voie normale de descente. Après les vires de Quartz, il attaque la descente par les Flammes de Pierre.

Il se lance dans des rappels épiques, se prend des coulées de neige dans la gueule, consolide des amarrages.

— Ça sentait la mort, dira-t-il simplement.

Il perd son portaledge. Au pied de la paroi, il jette son sac dans la pente et le suit en glissant. Une impression de voler, un choc et il se retrouve dans la neige jusqu'à la poitrine. Il vient de sauter par-dessus la rimaye, cette crevasse béante qui marque le début du glacier. Il s'extirpe en rampant et retrouve miraculeusement ses skis.

La nuit tombe quand il attaque la descente à sa façon : de chute en chute car il ne sait toujours pas skier. Parvenu à la gare du Montenvers, il parcourt les cinq kilomètres restants en se couchant par terre pour boire dans chaque torrent.

Au cœur de la nuit, il déboule dans les rues désertes de Chamonix, frontale sur la tête, skis sur l'épaule, tresses rastas congelées et blanches de givre. Dix jours sans croiser personne. Dix jours à ne parler qu'à lui-même et à ses pitons. Il croise un homme et l'interpelle :

— Vous avez l'heure ? Quel jour on est ?

Passé la stupéfaction de cette apparition, l'homme fuit à la course sans un mot. « *Pour qui m'avait-il pris ? Pour un fantôme ? Celui de Thomas Gross ?* », écrira le Rasta en conclusion de son ascension.

Quant à Thomas Gross, a-t-il appris que son chef-d'œuvre avait été répété ? Nul ne le sait. Après son ascension, il a vadrouillé en Amérique du Nord. Puis au Népal. Il tente alors l'expérience monastique, se fait virer, descend à Goa rejoindre les babas cool qui ont investi les lieux. Le haschisch remplace la magnésie. Il passe par l'Australie, revient en Suisse puis repart définitivement en Inde dans le but d'adopter un jeune mendiant qui avait croisé sa route. C'était en 1982. Depuis, plus personne n'a jamais retrouvé la trace du géant Tchèque.

Dans la vie de Hugues, cette répétition de la Thomas Gross marque un tournant. Il prend conscience que vivre de la montagne est possible pour lui. Avec sa mère comme attaché de presse, il participe à un salon à Chamonix et trouve un premier sponsor, le fabricant de barres énergétiques PowerBar. En traînant dans d'autres foires alpines, il parvient à gratter un peu de fric et un peu de matos.

Il cale avec Lulu l'expédition à l'Aconcagua et embauche un moniteur d'escalade pour le remplacer à Scalata. Prof d'escalade, c'est fini. Les exploits en montagne lui assureront sa subsistance.

16

Payer son dû

« *Bérardini, ils disaient, il vivra pas vieux, il est inconscient. Ils sont tous au cimetière maintenant ! (et il se marre)* »

(Lulu à 67 ans, à propos de lui-même, content)

Pour Lucien, la gloire internationale arrive en 1954 sur l'Aconcagua. Beaucoup de pages ont été écrites sur cette expédition de prolos fauchés, loin des expéditions officielles menées par Maurice Herzog et consorts.

René Ferlet, alors secrétaire administratif du Club Alpin, réunit une bande de jeunes copains surdoués pour s'attaquer à l'un des derniers grands problèmes des Andes. Sept kilomètres de large, trois kilomètres de haut, la face Sud de l'Aconcagua est un monde en soi, peuplée d'avalanches et de chutes de pierres incessantes, exposée au vent violent et aux sautes d'humeurs du climat.

Ferlet a l'expérience. L'année d'avant, il a dirigé l'expédition qui a permis à Lionel Terray et Guido Magnone d'atteindre le sommet du Fitz Roy, en plein cœur de la Patagonie. Avec ses 32 ans, c'est le vieux de l'équipe.

Pierre Lesueur, Edmond Denis, Guy Poulet, Adrien Dagory, René Ferlet, Lulu et Robert embarquent à Bordeaux pour trois semaines de trajet en bateau. Premier voyage à l'étranger pour la majorité. Des copains insouciants qui partent réaliser un rêve, avec du matériel minable, sans le sou, mais avec la rage de vaincre et l'enthousiasme sans borne des projets fous.

La veille du départ, Pierre Mazeaud passe voir Lucien pour lui dire merde.

Lulu se marre.

— On n'a pas un rond, on a pris un aller simple. Il faut qu'il arrive quelque chose sur la montagne, une merde pour que l'on puisse être rapatrié !

Et de conclure sur une funeste et sarcastique prédiction :

— Notre succès sera fonction du nombre d'amputés !

Juan Peron, alors président de l'Argentine, aime les alpinistes. Il a pratiqué un peu dans les Alpes avant le déclenchement de la Deuxième Guerre Mondiale et conserve une admiration pour ces aventuriers de la montagne.

Il reçoit l'expédition en grande pompe dans le palais présidentiel. La bande a emporté des costumes pour l'occasion. Mal taillés, hétéroclites, pantalon tenu par des bretelles cachées sous la veste, ils sont à l'image de leurs porteurs : iconoclastes.

Peron est sous le charme de leur audace. Il leur met à disposition des mules, de la nourriture et du vin, aussi indispensable que les clopes dans cet alpinisme des années cinquante.

Pour leur faciliter la tâche, le général propose que son aviation bombarde les glaciers suspendus sur la face sud pour minimiser les chutes de sérac et les avalanches. Les Français se marrent mais déclinent l'offre. Faut pas pousser quand même...

Mi-janvier, arrivés au camp de base, le regard bloqué par cette immense muraille qui barre l'horizon, tous comprennent le défi exceptionnel de cette ascension. Aucun n'a jamais contemplé une face aussi grande, aussi majestueuse, aussi redoutable.

Jour après jour, ils installent les camps, luttent contre l'altitude et le rocher qui se délite, suffoquent du manque d'oxygène et s'enfoncent dans la neige, guettent les avalanches quotidiennes et les chutes de pierre permanentes. Une tempête de neige les cloue au camp de base pendant six jours.

Le 16 février, ils repartent pour enfin s'installer au camp II. Ils ont à peine parcouru un tiers de la face. C'est long une expédition en montagne. Ils s'en foutent, ils sont heureux. Serrés dans une tente deux places, ils chantent.

Ils se fraient un chemin et installent le camp III. Pas la place d'une tente, nuit dehors. La soupe bouillante gèle dans les bols avant d'atteindre les lèvres. Il doit faire -30 °C et Guy Poulet imite Maurice Chevalier.

Les passages rocheux sont de plus en plus difficiles, les protections impossibles à poser. Celui qui tombe meurt. Mais le talent et la chance se conjuguent et ils progressent. Bivouac en taillant la glace au-dessus d'une crevasse. La soif devient terrible. Les réchauds à alcool peinent à fonctionner, la neige fond de plus en plus lentement, la faim devient intense, la fatigue les plombe. Plus personne ne chante. Chacun se demande plutôt ce qu'il fout là.

Au matin, une tempête arrive. Impossible de redescendre, le rocher est trop friable pour pitonner. Sortir par le haut ou mourir. Trouver un chemin dans ces murs surplombants et ces immenses pans de glace verticaux. Ils veulent vivre. Ils progressent, sont épuisés, la respiration est faible.

Ils sortent sur le troisième glacier. Mille mètres d'escalade les séparent du sommet. Ils abandonnent une bonne partie du matériel, s'enfoncent dans une neige épaisse avant d'atteindre la dernière falaise. Huit cents mètres, une face imposante dans les Alpes. Le vent se lève, leur jette la neige à la figure et la nuit tombe. Les extrémités gèlent, Edmond Denis ne sent plus ses pieds. L'alcool s'est figé dans le bidon, les réchauds ne fonctionnent plus. Plus de nourriture, plus d'eau. Ils somnolent et attendent l'aube.

Lulu n'a pas dormi. Il part à l'assaut. Son corps est bloqué par le froid mais il franchit une goulotte de glace et de rocher, finit par trouver un endroit où planter un piton et s'assure. Il enlève ses gants et regarde ses mains. Elles sont blanches, translucides. Il les tape contre le rocher, essaie de rétablir la circulation. Le sang revient dans la main droite, la douleur est atroce, il vomit. La main gauche ne revient pas.

Il fait monter les copains. Il a trop mal aux mains pour continuer en premier. Guy Poulet essaie d'escalader le prochain mur rocheux. Il ne passe pas. Ils vont droit à la mort.

C'est là tout le miracle de la rage de vivre. Face à l'imminence de la mort, une sauvagerie primitive resurgit. Rester en vie, tenir encore un peu, refuser que tout s'arrête maintenant.

Lulu enlève ses gants et énonce calmement l'évidence :

— Il faut sortir de ce merdier.

La rage est à l'œuvre, la colère, la hargne, la furie l'envahissent. L'envie de vivre bordel !

Il avouera plus tard que ce moment constitue son plus effroyable souvenir de montagne. Mais le froid, le vent, la souffrance, la faim, la soif, l'absence de sommeil, la faiblesse générale ont tous plié devant sa volonté de vivre. Et en passant ce ressaut rocheux, il a sauvé la vie de tous.

Ils aperçoivent l'arête sommitale. Encore un bivouac. Personne n'a le courage de planter une broche pour s'assurer. Ils tiennent au-dessus du vide par le frottement de leurs pantalons sur la neige.

Les organismes sont complètement détraqués. Chacun lutte avec ses souffrances. Lulu sait qu'il a perdu sa main. Avec une lenteur infinie, la nuit passe sans sommeil.

Une journée encore à escalader des murs rocheux, à s'enfoncer dans la neige, à avancer, toujours, ne pas s'arrêter, gérer son essoufflement. Et puis, ce 25 février, à 17 heures, le sommet est atteint. Pas de joie, juste du soulagement. Pas d'arrêt non plus. Sauf pour Robert qui inscrit l'expédition dans le livre des ascensions enfermé au sommet dans un coffre métallique.

Ils viennent d'entrer dans la légende mais s'en foutent à ce moment précis. Être vivant, c'est l'essentiel.

Le 2 juillet, Lulu est de retour à Paris, victorieux mais handicapé à vie par la morsure du froid. Il laisse le temps s'écouler dans les bistrots. Il picole, seul, contemplant la moitié de sa main et la moitié de son pied, changeant en permanence des pansements apposés sur des plaies qui tardent à cicatriser. Il répète en boucle : « Je ne suis plus qu'une merde, je ne suis plus qu'une merde ».

Les montagnes lui manquent, il n'est pas physiquement en état de travailler, il file passer l'été à Chamonix. Pendant deux mois, il s'abrutit le cerveau dans l'alcool, cherche à noyer ses doutes sur ses capacités, ses craintes de ne jamais retrouver le souffle des ascensions.

Des bistrots chamoniards, il contemple ces cimes qui équilibraient sa vie. Il contemple les aiguilles sombres qui transpercent la neige et la glace. Surtout, il contemple l'incroyable beauté austère des Drus, cette face ouest qu'il a vaincue deux ans auparavant et qui l'a propulsé dans l'histoire de l'alpinisme. Elle est toujours devant lui, fière et austère. Et lui est au bistrot à changer les pansements de ses moignons. Il broie du noir, avale du rouge et rêve de blanc.

Et si jamais plus il ne pouvait grimper ? Et s'il était condamné à claudiquer sur des chemins pour vaches et touristes en goguettes ? Il lorgne d'un regard torve tous ces sommets qui se moquent de lui. Les insultes sûrement un peu.

La patience n'est pas une de ses qualités mais dans cette situation, que faire ? Il crève d'envie de monter là-haut, juste tâter du rocher, sentir les caillasses sous ses pieds. Juste voir si ça passe encore, vérifier pour évacuer le doute. Mais il a trop mal, il saigne trop, il a honte de son état, il a peur d'être un boulet pour un éventuel compagnon de cordée.

Pendant cet été 1954, Lulu le boute-en-train ne rit plus. La réalité est parvenue à épuiser son stock de conneries et de blagues.

Et pourtant. Quelques semaines avant, à l'hôpital militaire argentin de Mendoza où toute l'équipe faisait soigner ses gelures, Lulu le déconneur brillait encore. À part Robert Paragot, tous les alpinistes se firent amputer. Pierre Lesueur s'est fait couper les doigts de pied au sécateur. Comme ça, sans anesthésie. Tout était noir, mort, foutu.

Plus chanceux, Guy Poulet a obtenu une anesthésie générale.

Dans les chambres des Français, maris et femmes de la bourgeoisie argentine se pressaient pour jeter un œil. L'ensemble de la haute société de Mendoza tenait à voir les héros de la face sud. « *Comme on va voir les rhinocéros ou les singes en famille* », écrira plus tard Paragot.

Lulu, lui, s'amusait.

— Ils veulent du spectacle ? Je vais leur en donner !

Alors, devant ces amateurs de zoo humain, Lucien prend son couteau et, méthodiquement, s'épluche les doigts morts comme on épluche une pomme. Et tout en découpant la chair noire devenue insensible, il se marre du regard blanc des hommes et des cris d'effroi des demoiselles en tenue d'apparat.

Oui, le Lulu abattu du mois de juillet n'a plus rien à voir avec le provocateur, l'insouciant et le je m'en foutiste du mois de juin.

Début septembre, il n'en peut plus. Il doit reprendre son travail de dessinateur industriel à l'automne. Tout son temps libre, tous ses week-ends, tous ses congés se passent à grimper. Il faut qu'il sache.

Son ami Lionel Terray, autre légende de l'alpinisme et qui deviendra mondialement célèbre pour son livre « *Les conquérants de l'inutile* », lui prête des godasses. Il les remplit de mousse et de coton pour éviter que ce qu'il reste de son pied ne nage dedans.

Et il part avec Claude – qu'il finira par épouser, aura deux enfants avec elle, Nicolas et Dominique et qu'il finira par quitter –, la seule devant qui il accepterait de flancher. Ils grimpent tous les deux la belle arête des Pèlerins, une escalade très aérienne et facile. Lulu souffre le martyre mais le vide abyssal qui l'entoure, le contact du granit, le bonheur du sommet le galvanise. Il pourra retourner en montagne, il n'est pas fichu. Cette ascension aisée et douloureuse sera l'un de ses plus beaux souvenirs de montagne, celle de la résurrection, celle qui lui évita de devoir trouver un autre sens à sa vie.

17

1995 : L'ACONCAGUA

« De l'autre côté du mur, il y a le silence »

(JEAN-PAUL SARTRE)

Le vendredi 6 janvier 1995, Lulu et Hugues sont de vrais gamins, surexcités et heureux de partir. La promesse de l'ailleurs et de la nouveauté, voilà tout ce qu'ils cherchent, veulent et espèrent.

Pour faciliter la logistique, ils se sont greffés à une expédition de l'agence Terre d'aventures. Ils arrivent le dimanche à Santiago du Chili, après des escales à Madrid, Saõ Paolo, Buenos Aires. Après tant de détours, ils ont besoin de réfléchir un peu pour savoir le jour. Il manque une vingtaine de bagages. C'est l'avantage de partir avec une agence. Elle gérera !

Un bus et les voilà dans un petit refuge à 1 800 m d'altitude pour commencer l'acclimatation. Le corps humain n'est pas une machine et se propulser en altitude sans préparation conduit rapidement à la mort. Le corps peut s'habituer à fonctionner avec moins d'oxygène. Il faut juste lui laisser le temps. Le mal aigu des montagnes, l'œdème pulmonaire ou cérébral rappellent vite à l'impatient que l'altitude se mérite.

Le lendemain, ils se baladent jusqu'à un glacier à 3 500 mètres d'altitude, profitent des sources d'eaux chaudes. Hugues en profite pour perdre ses lunettes neuves. Ça le fait enrager. Plus que d'attendre les bagages égarés par la compagnie aérienne.

Le mardi 10 janvier, l'acclimatation se poursuit en direction du Marmolejo, le sommet de plus de six mille mètres le plus austral du monde. Le décor laisse rêveur, le chemin moins. Les camions de la carrière voisine aspergent de poussière les randonneurs contraints à remonter la piste. Un peu de stop les amène jusqu'au départ du chemin.

Le temps change. Sans leurs sacs, ils sont contraints d'errer sous la neige avec des tenues d'été. Dans la tourmente, ils finissent par trouver des muletiers et des mules pour rejoindre le refuge à plus de 3 000 mètres.

Hugues souffre. Son genou, éternel point faible de ce corps si apte aux efforts, est « destroy » selon ses mots. Il sait qu'il lui faut du repos mais il avance quand même. Distancer la souffrance semble être le propre de tous ceux qui réalisent des exploits. Avancer malgré les problèmes, malgré les douleurs, malgré les handicaps pour ne jamais se laisser voler ses rêves.

Mais parfois, nier la souffrance est le moyen le plus stupide d'échouer. Le mercredi, Hugues se résout à se reposer. Son objectif reste la face sud de l'Aconcagua. Les autres partent faire l'ascension du volcan San José. Lui glande et enrage, peste contre ce genou qui ne dégonfle pas, qui l'empêche de marcher. Pendant trois jours, il note juste : « *Je ronge mon frein pendant que les autres se baladent* ».

Le samedi 14 janvier, tout le monde redescend à Santiago. Hugues scrute l'évolution de son genou et espère encore et toujours que quelques jours de repos supplémentaires suffiront.

Le groupe passe la frontière argentine le dimanche 15. Plus attentif à la dégradation de la météo qu'aux formalités, Hugues a perdu le récépissé d'arrivée. Les douaniers sont scrupuleux et rechignent à le laisser sortir du Chili. L'accompagnateur de Terre d'Aventures résout les problèmes les uns après les autres.

Après trois jours de montée, le mardi 17 janvier, ils atteignent la Plaza de Frances. Hugues et Lulu se cognent enfin à la beauté sublime et impressionnante de la face sud.

Que ressent Lulu à ce moment précis ? Quarante ans le séparent de ce voyage vertical avec les copains, de cet exploit gravé dans la mémoire des alpinistes. Quarante ans qu'il en porte le coût sur ses mains et ses pieds. S'épancher n'aura jamais été son genre. Taiseux par nature sur tout ce qui touche à l'intime, silencieux sur les émotions, muet sur les souffrances, Lulu préfère parler technique.

Il décortique la muraille avec Hugues pour choisir au mieux l'itinéraire à prendre, les emplacements des bivouacs. La face est chargée en neige, il va falloir attendre qu'elle se purge grâce aux avalanches. Au moins cinq à huit jours seront nécessaires selon lui. Hugues note : « *Je me sens comme avant mon départ pour les Jorasses : tout bizarre !* ».

Le mercredi 18 janvier, Lucien Bérardini part rejoindre les autres participants de l'expédition à Plaza de Mula. Il fera le sommet par la voie normale, un chemin de randonnée en haute altitude et sans difficultés techniques particulières. Hugues préfère attendre devant la face sud.

« *Je reviens dans quatre jours pour voir ce que tu fais et récupérer mes affaires* » seront les derniers mots que Lulu adressera à son pote. En se séparant ce jour-là, ni l'un ni l'autre ne savent qu'ils ne se reverront jamais.

L'après-midi, Hugues savoure le calme et se gave d'anti-inflammatoire pour parvenir à s'élancer avec un genou presque normal. Il observe les avalanches qui balaient régulièrement les barres rocheuses et pense à ceux qu'il aime, Laure en tête.

Il est absolument seul. Une cordée américaine souhaitait se lancer sur le même projet mais repousse sa tentative en raison des conditions.

L'attente devient stressante. Il passe des heures à tracer son itinéraire, à chercher les bivouacs, à tenter de mesurer l'échelle d'une muraille de trois mille mètres de haut (oui, ça fait la hauteur de dix tours Eiffel empilées).

« *Une fois dans la face, ça ira mieux* », se convainc-t-il avec raison. Pessoa avait raison : agir, c'est trouvé le repos.

Le 19 janvier, deux Corses arrivent, Pierre et Céline. Pierre est guide de haute montagne. Ils viennent pour le même objectif de la Voie des Français. Hugues les trouve sympathiques. Ils partageront ensemble les derniers moments du rasta.

Hugues trouve la face convenable même si une grosse avalanche a éclaté le matin. Il décide de partir le lendemain matin. À son ami Lucien, il laisse un mot sur un petit bout de papier : "*Tchao Lulu, à bientôt. Départ vendredi 5h. Hugh !*"

Le vendredi 20 janvier, Hugues Beauzile attaque sa dernière ascension. Il en chie du manque d'acclimatation et de l'accumulation de neige mais avance bien et vite. Sûrement un tiers d'escaladé.

Le lendemain, il continue tout à la fois à en chier et à avancer à un bon rythme. Il se plante d'itinéraire à la fin de la journée. Les vieilles cordes fixes sont ensevelies par la neige. Il perd leur contact et s'enfile dans un couloir raide et dur. De son bivouac perché sur un piton rocheux, il contemple ironiquement son erreur. Il note : « *Si demain pour mon anniversaire j'arrive sur le deuxième glacier, je sortirai logiquement le surlendemain. Avec mes conneries, il est vachement tard.* »

Et voilà, il a 28 ans en ce dimanche 22 janvier. Un anniversaire célébré dans la galère d'une neige bien trop épaisse pour progresser normalement. Il avance à genoux, à plat ventre, à quatre pattes. Il languit d'atteindre le glacier dans l'espoir de retrouver des appuis francs.

Loin au-dessous, les Corses se sont mis en mouvement et progressent dans la face.

Le soir, dans ses affaires trempées, emmitouflé dans son duvet mouillé, il pense à tous ceux qui pensent à lui en ce jour spécial.

Au matin, il décide d'attendre la cordée Corse, jugeant absurde de se suivre à une demi-journée de distance dans cette neige poudreuse. Ils le rejoignent tard le soir et se serrent dans la petite tente qu'il a érigée sur un sérac.

Il note : « *Le fait de faire la causette m'a redonné le moral... Même si le problème est le même.* »

Le lendemain, tout recommence. Arracher un pas dans cette poudreuse est un calvaire et le deuxième pilier est loin. Pierre est malade et n'arrête pas de vomir. Hugues a avalé son dernier anti inflammatoire. Les vivres s'amenuisent. « *Il faudra sortir demain* ».

Vœu pieux. Le mercredi 25 janvier, rien n'a changé. Le sérac est infranchissable, les ponts de neige sont instables, les plaques à vent parsèment la face. Hugues part seul, parvient à faire le tour et leur jette une corde. Il peste dans son carnet, écrit que les Corses ne maîtrisent pas les jumards, ces appareils spécifiques aux remontées sur corde.

Il note ensuite : « *Plus rien à bouffer depuis hier* ».

Ce sont les derniers mots de son carnet.

Une dernière photo : en gros plan, une grimace drôle la langue pendante.

Il crève de soif. Il crève de faim.

En France, le temps s'étire. C'est trop long. Tout le monde veut y croire mais personne n'est dupe. L'absence de nouvelles en montagne est rarement le signe de bonnes nouvelles.

Le reste, ce sont les Corses qui l'ont raconté. La lente ascension dans la souffrance, les mètres gagnés au prix d'efforts inhumains, le froid, le vent et la neige, les extrémités du corps qui, peu à peu, s'engourdissent. Le silence qui s'installe entre eux. Personne n'a plus la force de parler.

À 19h, le dixième jour d'ascension, le sommet est atteint. La descente par la voie normale se profile, tellement accessible, tellement facile. Mais Hugues est épuisé, son esprit est ailleurs. Céline ne peut plus avancer. Ils n'ont rien bu ni rien mangé depuis des jours. Pierre tient encore à peu près debout. Il les laisse sous une tente et descend chercher des secours.

Au bout de deux jours, quand la caravane arrive enfin, le Rasta pique une colère terrible puis s'effondre, mort.

18
D'UN ENTERREMENT À L'AUTRE,
QUE SUBSISTE-T-IL DES HÉROS ?

« Un pied dans le vide, l'autre dans le néant »

(UNE EXPRESSION DE LULU,
PAS FORCÉMENT RÉSERVÉE À L'ALPINISME…)

Lulu est anéanti. Il arpente les rues de Buenos Aires pendant deux jours. Qu'a-t-il fait exactement ? Il ne le racontera pas. Seule chose certaine, il a erré. Il a pleuré. Il a bu. Il a chargé les rues de sa peine, immense, indicible. Il a disparu du regard du monde pour se laisser envahir par la douleur.

Pendant ce temps, Robert Paragot, l'ami de toujours, appelle Laure. La grande chaîne du téléphone qui crie s'amorce. Laure appelle les parents de Hugues et leur dit juste : Hugues est mort. Que dire de plus ?

Les instances fédérales préviennent Sarah et Rose. Elles ne savent pas où est Lulu. Rose s'endort et rêve de son père, perdu au milieu d'une grande ville, accablé par le chagrin. Connexion onirique dans le désastre des vies brisées.

Au bout de 48 heures, Lulu reprend contact avec le monde réel. Il est inaudible quand il appelle la mère de Hugues. Trop de larmes, trop de peine, trop d'émotions. Trop de culpabilité aussi. La famille Beauzile lui répète que ce n'est pas sa faute. Responsabilité individuelle d'un cheminement volontaire face à la détresse d'un père spirituel, d'un mentor.

Lulu arrive à l'aéroport, prend sa fille dans les bras et lui montre pour la première fois ses faiblesses. Il lâche prise, s'effondre en pleurs. Elle sent tout le poids du corps de son père qui s'abandonne entre ses bras, qui s'abandonne à son chagrin. Le roc invulnérable a craqué devant elle.

Pour Laure, il ne se passe pas vingt-quatre heures entre l'appel de Robert et un autre de la Fédération Française de la Montagne et de l'Escalade. Saisissant télescopage que ce coup de fil pour lui apprendre que la fédé a attribué à Hugues un Cristal pour son ascension de la Thomas-Gross l'an dernier. La grande reconnaissance officielle du milieu de l'alpinisme au moment où le Rasta disparaît.

Elle hésite à se rendre à Chamonix.

— Si tu veux que l'on sache qui était Hugues, tu dois y aller, la convainc un ami.

La salle est comble. Tout ce que le milieu compte de personnalités s'entasse sur les sièges. Tous connaissent la douleur de la perte. Personne n'est épargnée en montagne.

Laure est dans sa douleur et dans son amour. Son discours est poignant. Elle n'a pas besoin de note, elle connaît Hugues par cœur. Alors elle rappelle à tous qui il était vraiment. L'amoureux de la simplicité, son engagement, sa vision romantique, éthique et esthétique de l'ascension, que ce soit sur un bout de caillou de quinze mètres de haut ou sur une face de trois mille mètres de roc et de glace. Son jusqu'au-boutisme passionné aussi. Ne jamais faire les choses à moitié mais à fond, toujours. Et elle repart avec le Cristal sans pouvoir le remettre à son destinataire.

Dans le concert des hommages, le murmure des mauvaises langues résonne en toile de fond. Il s'est grillé en quête de notoriété. Il a organisé toutes les coïncidences médiatiques, Destivelle dans la Walker, Batard dans les Drus, etc. Il est parti dans la face sous la pression des sponsors.

Médisance de ceux qui ne le connaissaient pas. La notoriété, Hugues s'en foutait et personne ne pouvait faire pression sur lui.

De l'autre côté de la terre, la logique administrative ne se préoccupe pas du temps du deuil. La coutume veut que les alpinistes décédés pendant l'ascension soient enterrés ensemble sur la montagne. Madame Beauzile refuse. Imbroglio bureaucratique où les papiers ont plus d'importance que les humains, moment où les autorisations l'emportent sur la détresse.

Il reste Pierre Mazeaud. L'homme qui ne se dérobe jamais et qui est toujours là quand il faut aider les amis. Qui d'autre que lui pour déjouer cette situation inextricable ? Il s'occupe de tout pour faire rapatrier le corps. Cela prendra presque un mois.

Le 24 février 1995, du reggae s'échappe de la chambre mortuaire de Grammont, le complexe funéraire de Montpellier. Bob Marley accompagne le dernier voyage. Les employés du funérarium tiquent, tout le monde s'en fout.

Dans une ancienne gare, une grande fête rend hommage à Hugues. Le jus d'ananas habituel du Rasta a été chargé en rhum pour l'occasion. La famille est amenée à Claret et découvre son œuvre. À la lecture du nom des voies, le père comprend que son fils a une conscience éveillée des sujets qui lui sont chers : l'esclavage, la négritude, l'exil. Il ne s'en doutait pas...

Lulu est hanté par cette perte. Il se repasse la chaîne infinie des « *et si* » en boucle. Et si j'avais su lui enseigner la patience. Et si j'étais resté au camp de base avec lui. Et, et si... Toujours et si.

Comme si sa responsabilité devait nécessairement être engagée dans le décès de Hugues. Bien sûr, il aurait aimé que son ami ne brûle pas les étapes, qu'il progresse pas à pas dans les difficultés, qu'il se forge des expériences encore et encore pour accroître sa marge dans les situations périlleuses. Il culpabilise encore et encore de son incapacité à lui enseigner les connaissances pour qu'il ne meure pas en montagne.

Comment s'en vouloir avec quelqu'un comme Hugues ? Le Rasta était parfaitement responsable de ses actes et personne au monde ne pouvait lui imposer quoi que ce soit. Il a agi en conscience, connaissant les risques qu'il prenait.

Mais la rationalité des décisions plie souvent devant la douleur. Hugues avait lancé Lulu dans une deuxième jeunesse. Il était son fils spirituel. Son ami dans une amitié idyllique, passionnée, profonde et sincère. Calme aussi. Tellement rare avec Lulu, l'homme qui broyait tant les gens qui l'aimaient dans l'intimité de sa vie privée.

Lulu le taiseux continue d'aller à Claret, enchaîne les blagues et les grossièretés comme d'habitude. Ne pas montrer ses sentiments, ne pas montrer ses émotions suivant la règle de l'ancien temps où les hommes devaient être des rocs inébranlables.

Deux ans plus tard, la mère et la sœur de Hugues veulent se rendre en Argentine sur les lieux du drame. Lulu s'occupe de tout. En janvier 1997, au pied de la face sud, tous les trois dispersent les cendres du rasta dans un petit lac. L'acte est libérateur. Pour Lulu comme pour la famille.

Madame Beauzile a elle aussi tourné les « *et si* » dans sa tête depuis la mort de son fils. Notamment le regret de ne pas lui avoir payé une radio. Ce n'est que sur place qu'elle comprend qu'une radio ne l'aurait pas sauvé. Pas de secours, pas de possibilité d'hélicoptère.

Cette année 1997 change aussi Lulu. Sa fille Rose accouche de Manon. Et Lulu trouve une forme de paix en dévorant d'amour sa petite-fille.

Ils sont nombreux les alpinistes à finir par se retourner sur leur vie et à ne voir que des montagnes. Et, en regardant leurs enfants, à se dire « *merde, je suis passé à côté de quelque chose* ». En plus de leur amitié, Lucien Bérardini et Pierre Mazeaud partageaient ce constat à la fin de leur vie.

Avec sa franchise habituelle, l'alpiniste juriste témoignera de cet abandon manifeste de ses gamins :

— Je ne les ai pas vus grandir, je ne me suis pas occupé de leur travail, je ne les ai jamais fait lire, etc. Je suis le dernier des cons. Et ça, ça me manque beaucoup. C'est un grand regret…

Et après, quelques secondes de silence, cet aveu désarmant :

— On ne peut pas tout faire, après tout.

La montagne était trop forte, la passion trop dévorante, l'ennui trop fort loin du vide, loin des copains, loin des pitons et du grand air.

Pour rattraper ce temps perdu, Pierre amènera sa fille en montagne. Lulu partira avec son fils Nicolas, accompagnateur montagne, en Islande. Lorsque le groupe se retrouvera piégé en plein brouillard et que Nicolas parviendra à les conduire à un refuge sain et sauf, quelque chose se passera entre les deux Bérardini. Leur rapport, souvent conflictuel, s'apaise enfin. Une véritable complicité émerge.

Cette même année 1997, le grand réalisateur de film de montagne Affanassief filme Lulu et Robert Paragot, son ami de toujours. Il en sortira « *cordée de voyous* », un documentaire hommage à la cordée mythique.

De quoi continuer à alimenter la légende personnelle des deux alpinistes, capturés par la caméra en train de raconter, toujours et encore, des conneries et grimpant, encore et toujours, en se charriant.

Dans un plan du film, les deux sont postés au-dessus de la Mer de glace, l'un des plus grands glaciers d'Europe. Celui qui se réduit chaque année sous l'effet du réchauffement climatique et terminera bientôt sa course en simple glacier de Palavas-les-Flots.

Pendant un bref instant, la caméra capture le visage de Lulu. Il contemple cette immensité qu'il a tant arpentée. À 67 ans, avec ses cheveux poivre et sel, Lulu conserve son archétypale beauté méditerranéenne, le front large, les sourcils broussailleux, les traits massifs, le nez marqué, le menton bien en place.

Ce qui frappe dans cette brève séquence, c'est l'intensité de son regard. Un regard où se mêlent nostalgie et désir, teinté d'une mélancolie profonde. C'est le regard d'un homme du présent, suspendu entre la grandeur d'un passé vécu sur ces sommets et la réalité plus douce-amère du temps qui passe. Un regard encore vibrant de vie, mais conscient de la mort qui plane sur chaque paroi. Partout, sur chaque mur de pierre.

À Claret, Lulu reste le taulier. Je me souviens de lui un jour où la pluie commençait à tomber, passant au pied des voies en tapant dans ses mains et gueulant « *on ferme !* ». C'était son rituel.

L'an 2000, pour ses 70 ans, la communauté amie de la falaise ne lésine pas sur les moyens. Serveurs et nœuds papillons, spectacle de flambeau pour inscrire le nombre 70 tout le long de la falaise et un Lulu ému aux larmes.

Les vieux amis parisiens sont là : Robert Paragot, Pierre Mazeaud ou encore Emile Troskiar. Quand ils arrivent au bas de la falaise, quelqu'un ose leur demander s'ils ont besoin d'aide pour monter. Quelle erreur ! Le pauvre se fait traiter de tous les noms.

L'énergie est là, l'alcool aussi. On boit le rhum à la bouteille. Pierre Mazeaud s'installe dans la catapulte en gueulant de le tirer le plus haut possible et s'envole dans les airs en hurlant.

Comment faire plus plaisir à Lucien qu'une fête pleine d'excès ?

Une Légion d'honneur reçue plus tard et ce sera le dernier voyage en Argentine pour le cinquantenaire de la première ascension de la face sud de l'Aconcagua. Les trois derniers survivants de l'expédition montent à Plaza de Mula.

Rien n'a changé pour eux. Ils continuent à s'insulter comme des porcs en rigolant pour finalement se mettre à pleurer. Ils se reprennent vite :

— On va pas se mettre à chialer comme des gonzesses !

Bah oui, c'est vrai ça. Jusqu'au bout, ils resteront des hommes des années 1930.

Aux quelques jeunes de Scalata invités pour l'occasion, Lulu lâche, en regardant la face sud :

— Nous, on a une pensée pour Hugues, qui est resté là-haut. On lui fera la fête à Claret.
Dans un dernier regard, il soupire enfin :
— C'est la dernière fois que je monte ici. Après… Couic !
Et il mime un cadavre en se marrant.

19

Septembre 2005

— C'est qui tous ces cons autour de mon cercueil ?
demande Lulu.
— Ce sont tes amis, Lucien !!!

(Dessin de Pierre Rouzo en hommage à son pote)

Ils sont nombreux à être invités à Grenoble pour honorer la mémoire de l'un d'entre eux. Lionel Terray, auteur du plus beau titre de la littérature de montagne avec *Les Conquérants de l'inutile*, mort dans le Vercors en 1965 à la fissure en Arc de cercle dans l'ascension du Gerbier.

Lulu semble très en forme, il déconne comme à son habitude.

Au moment d'aller assister à la projection d'un film sur leur ami, Robert Paragot interpelle Pierre Mazeaud : « Va voir Lulu, il ne va pas bien ».

Pierre le trouve au lit, abattu.

— Il faut te lever, c'est le moment du film !
— Non, je suis fatigué.

Pierre s'inquiète. Lulu n'est pas du genre à se plaindre. D'autant plus que huit jours avant, il grimpait avec lui dans les gorges de la Jonte, en Aveyron.

— Je t'amène à Paris, je connais d'excellents docteurs.

— Non, je rentre à Montpellier

Le soir même, Lucien Bérardini rentre à l'hôpital. Cancer du pancréas, il est foutu. Avec sa fille Rose à ses côtés, il mourra d'une embolie pulmonaire le 13 octobre 2005. Il ne s'était jamais plaint.

Homme de toutes les situations, Pierre Mazeaud gérera les obsèques à Chamonix. À la demande de Sarah, il n'y aura pas de signe religieux. « Pas d'acrobate sur le cercueil », le message est clair.

Mais des tonnes d'amis, sous la pluie, pour rendre un dernier hommage.

ÉPILOGUE

Hugues avait dit un jour à Pierre Rouzo :
— Tu fumes trop ! Tu vas en crever. Mais ne t'inquiète pas… De toute façon, je serai mort avant toi !

À la mort du Rasta, avec son humour noir caustique, Pierre équipera une voie intitulée « *Pari tenu* ». Puis décédera d'un cancer le 8 juillet 2007.

François Fromaget, dernier de la bande des quatre, deviendra le gardien du temple, jusqu'au boutiste de l'esprit de la falaise. Avant de décéder à son tour.

Resteront les copains et les trois oliviers plantés sous les grands toits en mémoire de Hugues, Lulu et Pierre.

Et la falaise de Claret, imperturbable.

Remerciements

Un grand merci tout particulièrement à Nicolle et Fabienne Beauzile, Rose Bérardini, Nicolas Bérardini, Laure Loubier, Pierre Mazeaud, Arno Catzeflis, Nicolas Janel, Daniel Dulac, Michèle Morgan, Françoise Paragot (décédée en juin 2023) et Eric de Leséleuc dont la thèse sur Claret m'a passionné.

Merci à toutes les grimpeuses et grimpeurs passionnés avec qui j'ai partagé un bout de corde depuis les années quatre-vingt dix. Si vos anecdotes ont alimenté ce récit, votre présence m'a aussi et surtout réchauffé le cœur depuis trente ans. La liste est bien trop longue mais merci pour ces moments !

Et enfin merci à Élise de m'avoir botté le cul quand il le fallait pour venir à bout de cet ouvrage ! Ton amitié franche et sincère tient chaud...

(Tout) petit lexique

Broches, spits, pitons, friends

Pour éviter de mourir, une corde ne sert à rien si elle n'est pas attachée à quelque chose. Les premiers grimpeurs plantaient des pitons dans les fissures. Puis est venue l'ère du perçage : on a commencé à fixer dans la roche des ancrages permanents :
- les **broches**, scellées avec du mortier ;
- les **goujons**, spits, gollots… qui sont des systèmes à expansion comparables à des chevilles de bricolage (mais en plus costaud !)

En terrain d'aventure ou en montagne, les grimpeurs placent eux-mêmes leurs protections. Ils utilisent alors des **coinceurs** ou des **friends**, ces derniers étant des ancrages à cames mobiles qui se bloquent dans la roche lorsqu'on les sollicite. Ce sont les seuls dispositifs fiables dans les fissures aux parois parallèles.

Dalle, mur, dévers, toit

- En **dalle**, le rocher penche vers l'avant (moins que la verticale).
- Le **mur** est vertical.
- Le **dévers** incline le grimpeur vers l'arrière, au-delà de la verticale.
- Le **toit** est une section horizontale, souvent spectaculaire et très athlétique car le grimpeur évolue à l'envers.

Difficulté des voies d'escalade

Les voies d'escalade sont cotées selon leur difficulté. **L'échelle commence à 3a.** En dessous, il s'agit plutôt de marcher sur un terrain escarpé. Elle progresse ensuite : 3b, 3c, 4a, 4b, 4c, 5a, etc. jusqu'aux voies les plus extrêmes, aujourd'hui cotées 9c.

Un « + » permet d'affiner : un 6b+ sera plus difficile qu'un 6b, mais plus facile qu'un 6c.

En pratique, l'escalade jusqu'au 5b est considérée comme accessible. À partir du 5c, elle devient plus technique et exigeante physiquement. **La plupart des grimpeurs évoluent entre 5c et 6b.**

Au-delà, la progression demande un entraînement régulier et une bonne hygiène de vie. Le niveau requis pour devenir moniteur d'escalade est 7a. **Le 8a marque l'entrée dans le haut niveau**, tandis que les voies en 9a et plus ne sont accessibles qu'à une poignée de grimpeurs dans le monde.

La cotation est proposée par l'ouvreur (ou le premier à réussir la voie), puis affinée par ceux qui la répètent. Elle reste subjective et indicative de la difficulté.

Magnésie (ou pof)

La transpiration des mains constitue la hantise du grimpeur car la sueur rend les prises glissantes. Pour y remédier, les grimpeurs utilisent de la **magnésie**, une poudre blanche absorbant l'humidité, semblable à celle des gymnastes. On l'applique sur les mains pour garder de l'adhérence.

Tomber : chute, vol, plomb

C'est le moment redouté, inévitable, et souvent très commenté. D'où une panoplie d'expressions pour le désigner : chute, vol, plomb, s'en coller une, etc. — chacune avec sa nuance d'intensité ou de panique.

Corde statique et corde dynamique

Les cordes utilisées pour grimper sont **dynamiques** : elles s'étirent sous la tension pour amortir les chocs lors d'une chute.

Les cordes **statiques**, elles, ne s'allongent pas. Elles sont utilisées pour remonter ou descendre en rappel, porter du matériel, ou équiper une voie, mais jamais pour assurer un grimpeur en mouvement.

Vire

Une **vire** est une zone plus ou moins plane sur une paroi, formant une sorte de «replat» naturel. Elle peut mesurer plusieurs mètres de large… ou quelques dizaines de centimètres. On peut y faire une pause, parfois s'y regrouper, ou au contraire s'y sentir bien exposé.

Lucien en 1955, devant le refuge de la Charpoua.
L'alpinisme la clope au bec...

Page de gauche : Hugues dans l'équipement de Claret

Hugues et Lulu devant la face sud de l'Aconcagua

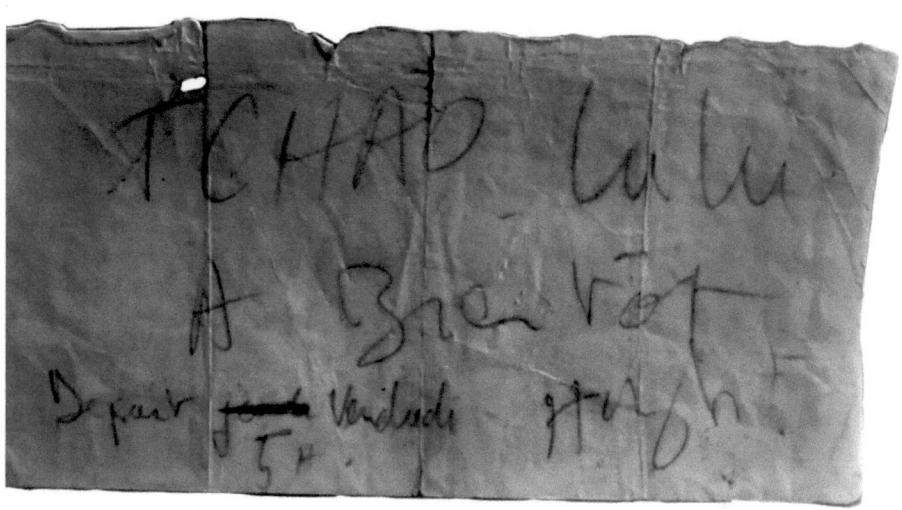

Édition :
BoD · Books on Demand, 31 avenue Saint-Rémy,
57600 Forbach, bod@bod.fr

Impression :
Libri Plureos GmbH, Friedensallee 273,
22763 Hamburg (Allemagne)

Dépôt légal :
mai 2025